전 경찰청장
이택순의

일본 열도 기행

메이지유신, 격동의 현장에서

이택순 글 · 사진

전 경찰청장
이택순의

일본
열도
기행

메이지유신, 격동의 현장에서

이택순 글·사진

주류성

목차

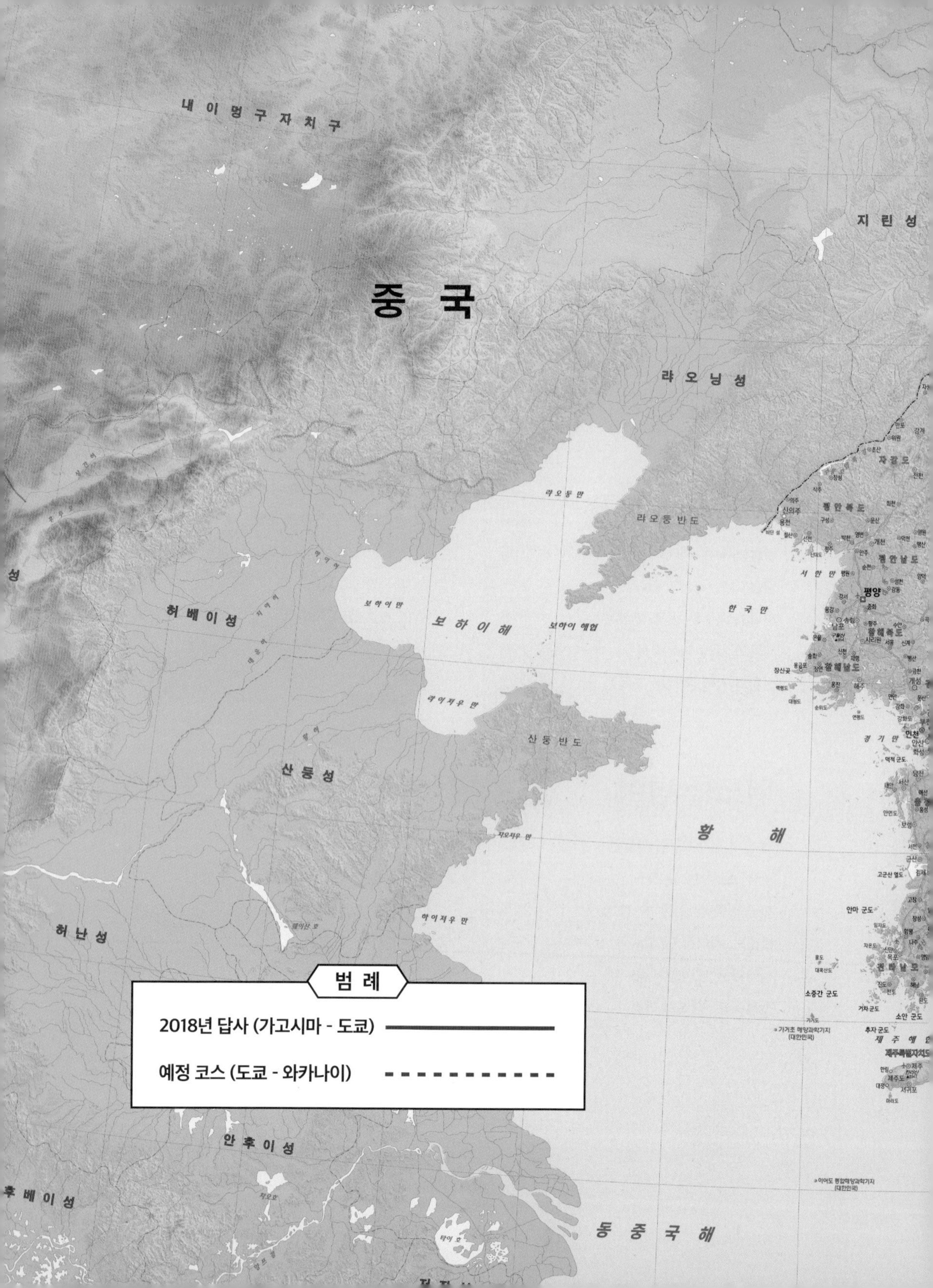

내 이 멍 구 자 치 구

지 린 성

중 국

라 오 닝 성

라오둥반

라오둥반도

보하이만

보 하 이 해

보하이 해협

한국만

평양

허 베 이 성

서 한 만

장산곶

대동만

경 기 만

황 해

산 둥 반 도

산 둥 성

지오저우 만

허 난 성

마이저우 만

안 후 이 성

후 베 이 성

동 중 국 해

프롤로그

2016년 봄, 평생 꿈꾸던 실크로드 답사를 천신만고 끝에 마칠 수 있었다.
타클라마칸 사막은 멀고, 파미르의 산은 험준했다.
이후 여러 사람이 물었다. "다음 여행은 어디로 정했습니까?"
자신 있게 '미국 대륙 횡단'과 '러시아 시베리아 횡단'이라고 답했다.
'초강대국 미국의 독립사'와 '제국 러시아의 시베리아 개척사'를 보고 싶었
었다.
그러나 실크로드 전국 강연을 다니며, 머릿속을 맴도는 것은 "약소민족의
흥망성쇠(興亡盛衰)"라는 새로운 담론에 사로잡혔다.
중국의 한(漢) 족에게 밀려난 강력한 흉노(匈奴) 족은 어디에서 생존하고 있
을까?
동북아의 여진족 선비족 돌궐족 만주족 거란족 그 많은 민족은 어디로 갔
을까?
동양의 종주국 중국, 그 주변국 중 단일 민족이 독립적으로 국가를 이루고
생존한 경우는 한국과 일본, 베트남 정도이다. 그런 점에서 보면 동아시아에

서 세 민족은 강인하고 우수한 민족이라고 볼 수 있다. 나머지 민족은 모두 중국 한(漢) 족으로 동화되고 흡수 당했다. 말이 좋아 소수민족이지 그들의 말과 종교, 고유한 문화도 이제 곧 사라질 것이다.

티베트 족이나 신강지역의 위구르족, 내몽골족은 그 중간지대에서 처절한 투쟁이 내연하고 있는 경우이다.

한민족 베트남족 모두 19세기 말에 외세의 침공에 쓰러지고, 쓰라린 투쟁을 거쳐 2차대전 이후에 우여곡절 끝에 부활한 신생국이다.

일본 민족만큼은 쓰러지지 않았다. 일본 민족은 아시아에서는 참으로 예외적인 경우다. 섬나라(列島)라는 특성이 있기는 하지만, 단 한 번도 외국의 침략을 당해보지 않았고 독립을 유지해 왔다. 유교권에 속한 동양 국가가 서세동점의 역사적 격동 속에서, 꿋꿋이 버티고 발흥하여 세계의 강대국으로 번성하고 있는 것이다.

실크로드 여행 중에 중국인, 중앙아시아인들로부터 많은 질문을 받았다.

"야폰스키(일본사람) 이냐고?" "카레이스키(한국인)이다!"라고 답하면 매우 놀랍고 흥미롭다는 표정이었다. 저들에게 한국보다는 일본이라는 나라가 훨씬 가까이 있었다.

"부자 나라, 선진국이어서 인가?"

1980년대 도쿄에 출장 가면, 전자제품시장에 들러 항상 일본 제품을 몇 가지 사 들고 왔다. 왜 이렇게 품질이 좋고 잘 만들었는지? 이른바 '일제(日製), 메이드 인 저팬(Made in Japan)'은 부러움에 찬 동경의 대상이며 아직도 큰 변함이 없다.

2010년이 넘어 일본 여행에서는 사람과 거리 역사 문화가 눈에 들어온다

"거리가 왜 이렇게 깨끗한가? 건물이나 성곽은 어떻게 저렇게 견고할까?"
일본인은 원래 친절한가, 배워서 친절한 것인가?"

"택시운전사는 왜 타고 내릴 때마다 펜으로 기록을 할까?" "일본은 교육이
잘 돼서"라 한다.

음식을 시켜본다, 일본 음식은 각자의 접시에 먹을 만큼만 나와 얄밉게도
버릴 게 없다. 우리는 정이 넘쳐 반찬과 밥이 남아 음식 쓰레기가 넘쳐흐른다.

일본인과 한국인! 외형적으로는 비슷해 보이나 언어나 행동, 생활태도, 생
각하는 게 이렇게 차이가 난다. 국가 전체로 보면 너무 많이 다르다.

어떤 사람들은 "민족성이 원래 다르다" 한다.

가을이 되면 노벨상 수상자를 발표할 때마다 우리의 기대는 속절없이 무너
져 내린다.

올해도 일본의 과학자는 보란 듯이 24번째 수상의 영광을 차지한다.

지진과 태풍 폭우가 그렇게 처참하게 들이닥쳐도, 몇 달이면 언제 왔느냐
는 듯 제 자리로 돌아간다. "국가의 인프라가 강해서"라고 한다.

머리를 혼란스럽게 만드는 이슈도 있다. "종군 위안부 할머니들에게 대범
하게 사과할 수는 없는가?" "아베 수상은 왜 평화 헌법 개정과 야스쿠니 신사
참배에 집착할까?

"독하고 모진 민족"이라고도 한다.

어떤 면에서 일본과 한국은 차이가 있었으며, 언제부터 왜 그러한 격차가
벌어졌는가?

여러 학자와 논객들이 말하고 있다. 1868년 메이지유신(明治維新) 이후 일
본은 사무라이를 중심으로 근대화에 성공했고, 우리는 쇄국정책으로 문을

닮았기 때문이라 한다. 단지 그 원인뿐일까?

메이지유신과 근대화를 현장에서 들여다보면 이 문제의 답을 얻을 수 있을 것인가?

이렇게 해서 나는 검은 바다 현해탄(玄海灘) 상공을 건너 일본으로 향하게 된다.

남쪽 끝 오키나와에서 북방 홋카이도까지 여행하며, 일본의 근대 인물과 자연, 역사와 정신, 시장과 상인을 만나보기로 했다.

홀로 하는 여행은 하늘을 날 듯 자유롭지만, 피할 수 없는 외로움과 약간의 두려움을 동행해야 한다. 이번 여행에도 훌륭한 벗을 만났다. 미국 횡단 경험이 5회나 있으며, 카메라에 일가견을 가진 40년 지기 이시우(李時雨) 仁兄이 기꺼이 동행한다.

천군만마(千軍萬馬)를 만난듯하다.

중국과 러시아 미국을 상대로 감히 전쟁을 일으킨 당돌한 민족!

일본인 너희는 누구인가?

"꺼지지 않을 불길로 타올라라!

Blaze with the fire that is never extinguished."

-Luisa Sigea, 16세기 시인-

01

근대의 여명

전 경찰청장 이택순의 일본 열도 기행

가고시마,
메이지 인물의 산실

여행은 사람을 순수하게 그리고 강하게 만든다.
A journey makes a man pure, but mighty.

-서양 속담-

사쿠라지마 화산 전경
"재난은 일본을 만들고 일본인을 키웠다."

일본 근대화 역사를 체계적으로 답사하는 일정은 어떤것일까? 여러 고민 끝에 역사적 전개과정이나 지리적 여건이 규슈 최남단 '가고시마'에서 북쪽으로 진행하는 것이 합리적이라는 판단을 내렸다. 그리하여 우리는 후쿠오카 하카다(博多) 역에서 신칸센(新幹線) 새벽 열차를 타고 가고시마로 출발했다. 일본의 철도는 편하기는 하지만 신칸센은 요금이 상당히 비싸다. 그나마 전 규슈지역을 다닐 수 있는 'JR 규슈 철도패스' 3일권을 1만5천엔(한화 약 16만원)에 외국 여행객에게 판매하여 다행이었다.

'에키벤(駅弁 역 도시락)'으로 기차속에서 식사를 마친 우리는, 70분 만에 280Km 떨어진 '가고시마 주오 역(中央驛)'에 도착한다.

JR 규슈 레일패스, 가난한 여행자의 비싼 필수품

사쓰마의 유신열기는 150년 지나도 뜨거웠다.

온 시가지가 '메이지유신(明治維新) 150주년' 기념물과 깃발로 펄럭이고 있어, 그 열기에 매우 놀라게 된다. 이들은 특별히 '사쓰마유신(薩摩維新)'으로 부르며 가고시마의 주체성을 부각시키고 있음을 알게된다.

주오 역에서 도보로 10분 정도 소요되는 '가고시마시, 유신 후루사토관(鹿児島市 維新ふるさと館)' 입구에는 야외에 수많은 부스가 설치되어 인파 속에 축하행사를 진행하고 있었다.

규슈의 최남단 지방 소도시 가고시마(鹿児島)에서 이렇게 성대하게 메이지유신(明治維新) 행사가 전개되는 이유는 무엇일까?

메이지유신으로 가는 다리를 놓은 사쓰마 번의 명군 시마즈 나리아키라(島津 斉彬)와 메이지 유신의 영걸(英傑) 사이고 다카모리(西郷隆盛), 오쿠보 도시미치(大久保利通) 같은 근대화의 큰 인물을 배출했다는 자부심 때문이었다. 그중

Shim

영민한 지도자는 인재양성에 목숨을 걸었다.

에서도 사이고 다카모리는 거의 신격화되어 있었다. 그의 기념관만 9개소가 건립되어 있고, 그가 머문 지역, 전적지, 온천, 귀양지까지 전부 보존되고 관광코스로 되어있었다.

규슈의 최남단 지방 가고시마(鹿児島, 사쓰마)는 그 지리적 위치로 인해 고대부터 오키나와 열도를 통해, 타이완 상해 홍콩 필리핀 베트남 지역까지 해상을 통해 교류가 있던 개방 지역이었다. 중세에는 스페인 포르투갈의 무역선이 표류하거나 방문하기도 하는 규슈의 관문(가고시마, 나가사키, 후쿠오카) 중 하나였다.

도쿠가와 막부로부터 오랫동안 경계대상이었던 가고시마의 영주 시마즈(島津) 가문은 소외된 관계를 개선하고, 19세기 들어서면서 산업 장려와 교육을 통해 지역 경제를 부흥시키며 인재들을 양성해온다.

1851년에 11대 영주가 된 시마즈 나리아키라(島津 齊彬)는 평소 화란의 학문 난학(蘭學)에 관심을 가진 진보성향의 영주였다.

그는 집성관(集成館)이라는 근대식 공장을 건설하여, 서양식 군함과 제철, 용광로의 제조를 비롯한 서양식 근대공업을 일으켰다. 일본에서 최초로 사진을 촬영하고 일본 국기(일장기)를 최초로 사용한 선각자로, 특히 인재 양성에 공을 들여 해외에 파견하며, 메이지유신의 많은 인물을 배출한다.

사이고 다카모리와 오쿠보 도시미치, 짧은 인생 영원의 역사

　나리아키라의 개혁성은 '존 만지로(ジョン万次郎 미국 명 John Man)'라는 인재 등용에서 더욱 돋보인다.

　시코쿠 섬 도사 번(高知 縣) 출신의 14세 소년 어부, 만지로(万次郎)는 1841년 고기잡이를 나섰다가, 폭풍으로 태평양의 무인도에 일행과 함께 표류된다. 미국의 포경선에 구출된 만지로는 하와이를 거쳐 미국에 도착하며, 공식적으로 미국을 체험한 최초의 일본인이 된 선각자였다.

　미국에서 존 만(John Man)라는 이름을 얻고 10년 동안 영어와 항해 조선술을 익힌 후 1851년 천신만고 끝에 일본으로 귀환에 성공한다. 개혁 영주 나리아키라는 에도에서 만지로의 정보를 입수하고, 사쓰마로 초빙하여 일본 최초의 증기 군함 쇼헤이 마루(昇平丸)를 건조하는 임무와 대외정세 업무에 활

가지야 초- 명당의 인물들, 사이고 다카모리, 오쿠보 도시미치, 도고 헤이하치로

용한다.

부국강병에 성공한 명군으로 평가되며, 그가 키운 수많은 인물들이 메이지
혁명에 참가해 일본 근대화에 주역으로 기여한다. 그 대표적 인물이 사이고
다카모리(西鄕隆盛)와 오쿠보 도시미치(大久保利通)다. 이들은 모두 가고시마시
유신기념관이 소재한 가지야 초(加治屋町) 지역 출신이었다.

사이고와 오쿠보는 어려서부터 이웃으로 절친한 사이였고, 사쓰마 번주의 신망을 획득해 가고시마를 대표하는 유신지사가 된다. 두 사람은 막부를 무너뜨리고 메이지유신의 거두가 되는 동향 인물들이다.

가고시마의 두 영걸(英傑)은 1870년대 중반, 역사 속으로 사라지지만 그 들이 키워놓은 인맥은 계속 이어진다.

사이고를 존경하며 따르던 같은 동네의 무사, 오야마 이와오와 도고 헤이하치로가 신정부의 군인으로 입문해, 각각 육군 원수와 해군 원수로 청일전쟁 러일전쟁을 승리로 이끌어간다. 이외에도 메이지 정부 초기에 수상 4명과 많은 각료 장군들이 배출되어, 제국 일본의 산실이 된다.

선조때부터 해양에 도전하는 타고난 대외적 진취성으로 인해, 가고시마 출신은 일본 해군과 해운업계의 주축이 된다. 그들은 해양을 통한 영토확장에 어느 지역 출신보다 관심을 가지게 되며, 1870년대 타이완 침공, 오키나와 병합과 홋카이도 개척에 앞장서는 인물을 배출하게 된다.

이어서 우리는 시티버스를 타고 명승 선암각(仙巖園 센간엔)과 상고집성관(尙古集成館 슈코 슈세이칸)이 위치한 요시노초(吉野町) 해변으로 이동했다.

선암각에서 바라본 사쿠라지마 미나미다케산(南岳:1,060m)

선암각은 화산 연기를 뿜어대는 영산 사쿠라지마(桜島) 화산과 긴고 만(錦江灣)을 정면에 바라보며 최고 명당에 자리 잡았다. 1658년에 건축된 사쓰마 영주 시마즈가의 별장으로, 해외교류가 많은 이곳 지역 특성상 오키나와와 남중국식이 혼합된 소박하면서도 단아한 정원이었다.

선암각 좌측에 소재한 일본 산업화의 발상지, 집성관(集成館)도 근대화 역사에서 빼질 수 없는 중요한 포인트이다. 선암각의 경치에 취해 집성관을 놓치는 경우가 있으나, 이곳도 2015년 유네스코 세계문화유산으로 등록된 귀중한 문화유산이다.

집성관의 혁신 일본을 개혁하다.

일본의 지방 영주(藩主 다이묘)는 재정적 독립권과 제한된 군사권을 가지고 있는 자치적 성격이 부여된 지방 세력이었다. 그들의 성향과 능력에 따라 지방마다 격차를 초래하고 근대화의 성취에도 큰 차이를 보이고 있었다. 결국 인물이 흥망성쇠를 결정하는 가장 주요한 요인이었다

1851년, 사쓰마 영주 나리아키라가 개혁에 박차를 가하고 표류 어부 만지로(万次郎)가 미국에서 입국하여 서양식 군함을 건조할 때, 조선은 철종의 집권 시기로 안동 김씨의 세도정치(勢道政治)가 극에 달해 있을 시기였다.

유신의 영걸 인재를 육성하고 근대산업을 일으키며, 표류 일본인 만지로를 등용한 개혁적 영주, 시마즈 나리아키라(島津 斉彬)!

그는 도쿠가와 이에야스(德川家康)와 같은 '쇼군(將軍)'이 되기를 꿈꿨을까, 근대 민주주의 국가 일본의 총리를 꿈꿨을까?

가고시마 영걸들에게 그는 평생의 주군이었다.

"이 몸을 바친다!"
구마모토(熊本)

우리는 후쿠오카에서 100Km 정도 떨어진, 구마모토(熊本)를 향해 아침 일찍 신칸센(新幹線)에 올라탔다. 규슈(九州)의 중앙에 위치한 이 중소 도시는, 인구가 70여만 명으로, 아소산 화산 관광지와 구마모토 성(熊本城)으로 유명한 지역이다.

구마모토성 천수각, 전쟁과 통치 생활의 공간

1608년에 가토 기요마사(加藤淸
正)가 축성한 구마모토 성은 시내
중심부에 위치하며, 구마모토역
앞에서 전차로 쉽게 찾아갈 수
있는 곳이었다. 이 도시는 예전의
교통수단인 트램(tram)이 남아 더
욱 고풍스럽고 여유 있는 모습으
로 손님을 맞이한다.

일본의 3대성(오사카 성, 나고야
성, 구마모토 성)의 하나로 이름 높
은 이 성 은, 2016년 구마모토 강
진(진도 7.2)으로 본성인 천수성(天
壽城)이 무너져 내렸다. 현재 복구

20년 복구 기간, 부활의 시간

작업 중에 있어 전체 형태는 볼 수 없었으나 관람에는 전혀 장애가 없어 다행이었다.

하지만 일본인 특유의 치밀하고 정교한 20년 복구작업 자체가 관광거리로, 성의 명성은 오히려 높아지는 감이 든다. 여기서도 일본인의 장인(匠人)정신과 기록정신은 두드러진다. 500년 전의 돌과 건축재료가 그대로 사용된다. 이곳의 성주였던 가토 기요마사(加藤淸正 가등청정)의 신사(神寺)와, 구마모토 전투 유적, 살아남은 자의 기록이 성 곳곳에 살아 움직인다. 우리에게는 임진왜란 시 조선 침략군의 장군으로 알려진 가등청정(加藤淸正)은 축성의 대가(大家)로 이 성을 쌓은 인물이다. 그가 도쿄 아카사카(赤坂)의 '뉴 오타니 호텔'에 소재한 4만 평의 수려한 정원을 만든 인물이라 하니 문무겸비의 그 재주가 놀랍다. 구마모토 성은 메이지 정부의 개혁이 본격화되던 시기인 1877년 격렬한 내전이 벌어져, 사쓰마군이 정부군에게 패퇴하고 사이고 다카모리(西郷

유신삼걸, 사이고 다카모리 · 오쿠보 도시미치 · 기도 다카요시

隆盛)가 가고시마로 돌아가 자결하게 되는 계기가 된 곳이다.

특이한 것은 이곳에서도 사쓰마의 패장(敗將) 사이고 다카모리는, 메이지유신 최고의 영웅으로 추모되며 그의 전투장소를 탐방하는 역사기행이 인기를 끌고 있었다.

"전쟁에 패하고, 역사에서 다시 살아난 인물!"

사이고 다카모리는 어떤 인간이었나!

메이지 유신 인물이라 하면 사이고 다카모리(西鄕隆盛), 오쿠보 도시미치(大久保 利通), 기도 다카요시(木戸 孝允)를 든다. 태어난 해가 사이고가 가장 빠른 1828년이며, 오쿠보 1830년, 기도 1833년 이렇게 나이순으로 들기도 하고, 사람에 따라서는 사이고, 기도, 오쿠보 순으로 기술하기도 한다.

유신삼걸(維新三傑)이라 할 때 사이고가 두 번째나 세 번째 오는 경우는 없다. 그 이유는 무엇일까?

유신삼걸, 세 사람 모두 무사출신이지만 인간 평가를 보면 각각 개성이 다르다 "사이고(西鄕隆盛)는 세게 두드리면 큰 소리가 나고, 약하게 두드리면 약하게 소리가 나는 무서운 사람이다, 정과 눈물이 많고 의롭고 강직한 사람이다." "오쿠보(大久保 利通)와 마주하고 있으면 마치 커다란 바위가 앞에 있는 듯하다. 강철같은 의지를 가진 사람으로 정략에 능한 사람이다"

반면 조슈 출신인 기도(木戸 孝允)에 대해서는 "최고의 검객이지만 감성적이고 소심하며, 고고한 현인의 풍모를 가진 사람이다. 인간관계를 상하관계로 보지 않는 근대인이다"

사이고 다카모리와 무사 세력이 몰락한 1877년 서남 전쟁(西南戰爭)이란 과연 무엇이었을까?

축성의 달인 가토우 기요마사, 복구의 지혜를 주다.

일본이 근대화를 이루는 과정에서 벌어진 마지막 진통으로, 개화파와 수구파의 대결, 사이고 다카모리를 정점으로 하는 불평 무사들의 반란이라는 역사적 해석이 있다.

그러나 권력에서 밀려난 재야(在野)의 사이고 진영과, 권력을 쟁취한 오쿠보 진영의 감정 차이로 일어난 알력이 확대된 것으로 보는 견해가 보다 설득력이 있다.

서남 전쟁은 사이고가 정한론(征韓論)의 정변에서 패배하여 가고시마에 은거한지 3년 4개월 뒤 발발한다.

사이고가 귀향한 뒤 중앙정부의 명령이 가고시마에서 무시되고 있었다. 정

요코이 쇼난과 구마모토의 유신지사들

부가 경시청 비밀공작요원을 가고시마에 파견하며, 사이고를 암살하려 한다는 정보가 가고시마의 무사들을 자극했다. 사이고를 추종하는 사학교(私學校)의 젊은 무사들은 정부의 탄약고를 습격했고, 사이고는 그들에게 이끌려 전쟁을 시작했다.

사이고는 반란이 내키지 않았으나 그들을 버리지 못했으며, 끝내 비장한 표정과 각오로 출사표를 던진다.

"이 몸을 너희들에게 바친다!"

자연의 조화, 가을의 천수각.

　1만 3천여 명의 청년 무사들을 모아, 도쿄로 상경하여 억울함을 풀겠다는
목표였다.

　전쟁 초기에는 사쓰마(가고시마)군이 구마모토 성을 포위하며 정부군이 열
세에 몰렸다. 그러나 정부군은 구마모토 성을 사수하며 사쓰마군의 진격을
저지하고, 해군을 이용해 후방지역으로 상륙하며 전세를 역전시킨다.

　사쓰마군은 정예 무사라 하나 무기도 구식이며, 탄약도 부족하고 병력 보
충도 미미했다. 게다가 통합 지휘부가 없었으며 무모한 돌격명령으로 일관
하는 구식 군대였다.

　마지막 사무라이 구식군대와 근대식 정규군의 대결이었다.

　7개월간의 전쟁에서 사쓰마군 6,200명, 정부군 6,700명의 전사자를 내며

사이고 다카모리를 비롯한 사쓰마 전쟁지도부는 자결하고 항복한다.

사쓰마(가고시마) 사람들은 "오쿠보는 교만하고 사치스러우며, 문명적 정치가 행세를 하는 사람"이라고 비난한다.

전체 일본인의 정서도 '도쿠가와 정부를 무너트리는 과정에서 함께 피 흘린 동지를 토벌하는 권력자' 오쿠보를 정의롭지 못하다는 시선으로 보고 있었다.

1년 뒤, 강철같은 의지의 권력자 오쿠보도 반대파 청년 무사들에 의해 국가대의를 무너뜨린 주범으로 암살당한다.

역사는 돌고 도는 것인가?

무너진 구마모토 성에도 단풍이 들고 가을은 깊어가고 있었다.

서남전쟁의 정부군 사령관, 다니 다테키 육군 소장, 반란군 진압군, 역사의 동반자

서남전쟁의 흔적 보호되는 성벽

근대의 입구,
나가사키 데지마

1854년 일본은 미국 페리 함대에 의해, 1876년 조선은 일본 함대에 의해 강제로 개방되며 두 나라는 근대국가의 기로에 선다.

이어서 일본은 1868년 메이지유신(明治維新) 이후 근대화에 성공하고, 조선은 1894년 갑오개혁(甲午改革)에 실패하며 몰락하는 왕조국가의 갈림길이 된다.

이러한 근대화의 성공과 실패를 알기 위해서 우선 나가사키(長崎)란 역사 깊은 개방 항구에 대해 자세히 들여다 보기로 했다.

나가사키(長崎)시는 인구 43만의 도시로 규슈(九州)의 최서단에 위치한다. 부산처럼 도심이 산에 둘러싸인 해안 도시로 평지가 없고, 시가지가 산록에 걸쳐있다. 후쿠오카(福岡) 하카다역에서 나가사키(長崎) 까지는 160여 Km로 JR 규슈선으로

개혁의 선각지 폐허의 땅, 재생한 나가사키 전경

나가사키역과 데지마(出島) 호수, 일본의 철도역은 지방발전의 거점이었다.

약 2시간 소요된다.

2차대전 말기에는 미국으로부터 원자폭탄 공격을 받아 전 도시가 잿더미화하는 전란을 겪었으며, 현재 나가사키현의 관할 지역에는 쓰시마(對馬島)가 포함되어 있어, 한일간 교류가 매우 밀접한 관련이 있는 지역이다.

나가사키가 일찍 개방된 이유는 무엇일까?

나가사키(長崎)는 위치상 일본열도의 규슈 섬 서남단에 위치하여 외국 선박이 표류하거나 접근하기가 쉽다. 더욱이 수도 교토나 에도(江戶,동경)에서 멀리 떨어져 있어 국방상 큰 문제를 야기하지도 않는 변방이란 점 때문에 개방에 부담이 없었다.

나가사키가 문을 연 것은 일찍이 16C 초반이다. 당시 일본의 대외정책은 기독교 침투는 방지하고, 대외 무역으로 통상 이익을 취하는 것이었다. 스페인 포르투갈은 일찍 일본과 접촉했으나 카톨릭 포교 문제로 배제되고, 무역에만 집중하는 네덜란드와의 교류만을 인정하고 유일한 창구가 된다.

일본은 1543년 포르투갈 상인을 통해 신무기인 조총(鳥銃)을 도입하고 강군을 만들었다. 1592년 임진왜란에 패하고 나서야, 신무기 조총을 수입하여 사용하기 시작한 조선군은 일본군과 50년 이상의 무기 격차가 벌어진다.

나가사키의 조선공업, 근대 공업의 시동

이 모두가 나가사키를 개방하여 서양과의 교역으로 신 문물을 일찍 받아들인 근세 일본의 힘이 축적된 것이었다.

일본은 무역상인을 중심으로 마닐라 베트남 자카르타 태국 등지에 진출해서 현지에 '일본인 거리(日本町)'를 형성할 정도로 진취적이었다. 이에 비해 조선은 사대외교에 치중하여 청나라와만 교류하고, 10년에 한 번씩 조선통신사(朝鮮通信使)를 일본에 파견하는 극도로 폐쇄된 사회였다.

일본에서는 서양 외국인을 '오란다'라 부른다. 네덜란드의 원래 이름인 홀랜드(Holland)를 '오란다'로 알아듣고 사용한 것이다. 개방 항구 나가사키에는 오란다 상인을 통해 유럽의 최신 과학기술과 산업혁명의 귀중한 결실들이 속속 도입되고 있었다.

더욱 중요한 것은 외국인을 수용키 위해 해안을 매립하여 현대판 자유무역지대를 만든다. 1636년 부채 모양의 인공 섬, '외국인 업무지역(出島, 데지마)'을 만들고 자치와 자유를 보장한 것이었다.

나가사키로 항해 중 표류해온 화란인 하멜 일행을 감옥에 감금하는 조선에

비해, 일본의 수용태세는 얼마나 발전적이었는지 극명하게 비교된다.

데지마에 설치된 화란 상관(商館)은 교역뿐 아니라 매년 유럽의 정세를 정리하여 막부정부에 보고하는 역할을 했다. 달라도 너무 다른 조선과 일본의 근대화 전 단계였다.

나가사키에는 중국인 거리도 조성되고 조선인도 내왕하여, 명실상부한 동양의 국제도시로 탄생한다.

나가사키는 일본 근대화에서 불쏘시개 역할을 한다. 사상가 요시다 쇼인(吉田松陰), 하급무사 사이고 다카모리(西鄕隆盛), 사카모토 료마(坂本 龍馬) 같은 유신 지사들과 상인들이 전국에서 모여들며, 서양의 과학기술을 체험하며 서양인과 교류하며 개혁의 전시장이 된다.

국제 교류는 음식문화의 국제화도 가속시킨다. 포르투갈

일본식 빵인 '나가사키 카스텔라'와 중국 일본의 혼합 음식인 '나가사키 짬뽕'을 탄생시키는 것이다.

나가사키의 개방이 근대국가를 만드는 데 있어, 일본은 성공하고 조선은 실패하는 중대한 시대적 전환점을 만들었음은 누구도 부인할 수 없다.

데지마의 무사와 여행자, 볼거리와 추억, 역사기행의 작은 목표

오늘도 데지마(出島)에는 수많은 내외국인이 방문하며 타임머신을 타고 근대를 여행하며 역사를 복원하고 있었다.

정밀한 기록과 복원으로 만든 데지마는 일본인의 개방주의와 선구적인 서양문화 수용의 산물이다.

부와 사랑을 찾아, 오란다 상

　13세기 후반(1271년~1295년), 이태리 탐험가이며 상인인 마르코 폴로(Marco Polo)가 중국 원나라 여행을 다녀온 후 '동방견문록'이라는 여행기를 펴 낸다. 이 책은 서구인들에게 동양의 신비와 일확천금의 꿈을 심어주며, 도전의 바이블로 신드롬을 일으킨다.

꽃과 향기, 나가사키를 조명하다.

이 책을 접한 콜럼버스(Christopher Columbus 1451 년~1506년), 바스코 다 가마(Vasco da Gama 1469년 ~1524년) 마젤란(Ferdinand Magellan 1480년~1521년) 과 같은 탐험가들은 미지의 세계에 대한 동경으로 대탐험을 시작한다. 이들의 선구적 탐험으로 서양은 지리상의 발견과 대항해시대를 열며 서세동점(西勢東漸)의 세계사를 이끌어 낸다.

'글러버(Glover)' 일본식 발음 '그라바'

아시아로 진출한 서구 열강은 인도와 중국을 침략하고 시장을 확보하는데 비해, 진출이 늦었던 미국은 일본으로 페리 제독을 보내 동경만에 교두보를 확보한다.

일본 서쪽의 항구 나가사키(長崎)는 외국인들이 활동하는데 월등히 유리하였다. 유럽의 서양인들은 일본 서쪽의 항구 나가사키로 향하는 것이 기회를 선점하는 것이었다.

1838년 스코틀랜드에서 출생한 야망의 청년, 토마스 글러버(Thomas Blake Glover)도 21세 되던 해(1859년) 아시아행을 결심한다. 런던에서 중국 상해를 거쳐 5개월의 긴 항해 끝에 일본 나가사키에 입국한다.

나가사키에서 '글러버 상회'라는 무역상을 개업하며 차, 해산물을 수출하던 그에게 도쿠가와 막부(幕府) 말기의 요동치는 정세는 천재일우의 기회를 준다. 무력을 증강하려는 지방 영주(번/藩)들의 요구로 무기와 군함을 수입하며, 막대한 부를 축적하고 단시일에 나가사키의 꿈을 이룬다.

약관 25세에(1863년) 항구가 내려다보이는 남서쪽 언덕에 서양식 목조 저택

글로버의 일본부인 쓰루와 가족들, 19C 중반의 다문화가족,
선구자의 길

과 대정원을 건축하고 만족감에 젖어 향수를 달래며, 글로버의 동방 꿈은 무르익어 간다.

그는 주변의 사쓰마 번(가고시마 현), 조슈 번(야마구치현)의 존왕양이 파 무사집단과 자연스럽게 친교를 나누며 이들을 지원하게 된다. 서양 유학을 꿈꾸던 청년 지사를 후원하며 영국에 보내고, 영어를 가르치며 메이지 유신의 인물을 키우는데 일조한다.

1867년에는 일본 여인 쓰루와 결혼하고, 이후에도 일본의 대서방 외교와 경제의 근대화에 큰 기여를 하며 1911년 도쿄에서 일생을 마친다. 글로버는 일본 근대화에 참여한 대표적 서양 기업인이었다.

나카사키 시 당국은 시내에 있던 서양식 주택과 건물을 추가로 이전하고, 현대식 정원으로 재단장하여 세계유산으로 만든다. 이곳이 스코틀랜드 청년 글로버가 그리던 동방의 꿈, '나가사키 그라바엔(グラバー園, Glover garden) 공원'이다.

막부 말기 나가사키는 수많은 일본 청년 지사들이 근대화와 입신양명의 꿈을 가지고 유럽으로 가기 위해 모여드는 도시였다. 동시에 나가사키는 일본 청년들에게 해외 문물을 접할 수 있는 유일한 탈출구였다.

조슈 번 하기 출신, 사상가 요시다 쇼인(吉田 松陰)도 꿈에 그리던 유럽으로 밀항하기 위해 1854년 이곳 나가사키로 온다. 마침 정박해 있던 러시아 군함에 승선하려 하나 실패하고 국외 탈출범으로 검거되는 곳이 나가사키였다.

일본인이 존경하는 인물을 선정할 때 항상 제일 선두에 놓는 인물이, 메이지 유신(明治維新)의 풍운아 사카모도 료마(板本 龍馬)다.

료마는 고향 도사(土佐, 시코쿠 고치현) 번을 떠나 근왕파 우국지사를 규합하며 전국을 전전한다. 1864년에는 해외 교류가 가장 활발한 이곳 나가사키로 온다.

료마는 가메야마 무역회사를 만들어, 선박을 사들이고 선원의 육성과 항해술을 익히며 장래 일본 해군력의 기반이 되는 원대한 구국 행동을 도모한다.

료마가 명치유신의 원동력이 되는 이른바 '삿조토비' 동맹의 사쓰마 번(가고시마 현), 조슈 번(야마구치 현), 도사 번(고지현), 히젠 번(사가 구마모토현)의 협력을 이끌어 내는 곳도 이곳 나가사키라는 도시였다. 그라브 정원에 사카모도 료마의 초상화가 걸려 있는 이유이다.

개항지 나가사키에는 외국의 군함과 상선이 수시로 입항하여 장기간 정박한다. 이들 외국인 선원과 해군 장병의 주위에 일본 게이샤 여인들이 돈과 사랑을 찾아 모여든다.

사랑과 이별 그리고 깊은 흔적, 항구도시의 숙명

"미 해군 대위 핀커턴(Pinkerton)은 함대가 나가사키에 주둔하는 동안, 게이샤 출신 일본 여인 초초상(蝶蝶 Madam Butterfly)과 사랑에 빠져 현지 결혼을 한다. 본국 귀환 명령을 받고 떠난 핀커턴을 기다리며, 홀몸의 초초상은 핀커

오우라 텐슈도(大浦 天主堂), 희귀한 건축물 교회와 성당, 일본의 패쇄성과 나가사키의 선구성

턴의 아이를 출산한다. 3년 만에 돌아온 핀커턴은 미국부인과 함께 와서 초초의 아이를 데리고 떠난다.”

사랑은 이렇게 끝이 나고 ‘어느 개인 날’의 아리아가 퍼지면서, 관객은 울음바다로 빠진다. 푸치니의 오페라 ‘나비부인(Madame Butterfly)’의 배경도 소재도 모두 이곳 국제도시 나가사키 글러버 정원이다.

그라바엔 입구에는 1865년 완공된 오우라 텐슈도(대포천주당)이라는 프랑스 성당이 자리 잡고 있어, 나가사키와 유럽과의 오랜 관계를 보여준다. 일본이란 나라는 아시아 국가 중에 기독교가 일찍 포교되었음에도, 교회나 신자가 극소수인 특이한 국가이다. 그들은 외래종교를 금지하고, 토속신앙 신도(神道)와 불교를 신봉했다.

19세기 중엽, 부와 권력과 사랑의 꿈을 싣고, 동서양의 청춘들이 격렬히 부딪친 일본 열도 미지의 땅에 봄이 오고 있었다. 나가사키 항이 조망되는 그라바엔(공원)에도 사쿠라 꽃이 수줍은 듯 피어오르고 있다.

오란다 언덕의 사쿠라와 서양식 가옥

후쿠오카,
근대산업의 태동

    서울에서 가장 접근이 용이한 규슈(九州)의 도시는 매일 항공편이 운항되는 후쿠오카(福岡)시이다. 규슈에서도 후쿠오카(福岡)시는 교통이 편리해 일본 본토나 규슈 어느 지역으로도 출발이 가능하다. 우리는 그런 면을 고려해 서남부 지역의 답사는 이곳에서 머무르며 철도를 이용하게 된다.

가을의 후쿠오카항, 규슈 최고의 항구

우리의 베이스-켐프, 후쿠오카의 근대화 양상을 살펴보기로 했다.

원래 후쿠오카는 교토에서 설치한 관청 다자이후(大宰府)의 외항(外港)으로 메이지 유신 이전에는 중국과 교류하는 무역항이며 작은 어촌이었다.

에도시대에는 후쿠오카 번에도 지역을 관할하는 성(城)이 있었으며, 성의 유적이 후쿠오카시 주오구 마이즈루 공원에 엄연히 남아있다. 후쿠오카 성은 1607년 축성되었으며 번주는 구로다 요시타카로 52만 석의 봉록을 받는 대성(大城)이었다.

후쿠오카성은 메이지 시대 페번치현이후 멸실되어 지금은 공원으로 활용되지만, 공원 입구에는 웅장했던 성문과 망루가 그 역사를 말해준다. 이 성의 동쪽 지역이 항만 상업지역 현재의 하카다(博多)였다.

후쿠오카성 흔적, 고궁은 공원으로 시민사회의 출현

무사들이 살던 후쿠오카(福岡)와, 상인들이 거주하던 하카다(博多)가 메이지 유신(明治維新) 이후 통합하여, 후쿠오카라는 명칭의 도시가 된다.

"메이지유신은 가난한 하급 사무라이계층과 부유해진 상인계층의 합작품이었다. 그들은 가족간 혼인과 양자제도를 통해 사무라이는 부족한 재산을 축적하고, 상인은 신분을 상승시키며 새로운 사회를 만드는 견인차가 된다. 후쿠오카 나가사키 오사카 지역에서 두드러진 현상이었다."

다자이후(大宰侯)의 관청 지역으로 중앙의 통제가 상대적으로 강한 탓인지,

후쿠오카는 주변의 웅번(雄藩)으로 불리는 사쓰마(가고시마 현)나 조슈(야마구치 현)에 비해 정치적 저항의식이나 자립의식은 약했다.

아마도 후쿠오카의 경제적 활력이 정치적 불만을 삼켜 버렸을 수도 있다.

그 활력은 후쿠오카시에 인접한 도시 구루메(久留米)에서 근대산업의 발달로 표출된다. 1874년 구루메시에서는 영세 상인 이시바시(石橋 영어명, stone Bridge)가 일본식 버선에 고무를 입혀 제조하는 고무 신발산업을 창업한 것이다.

이것이 기반이 되어 아들 이시바시 쇼지로(石橋 正二郞)는 1931년 들어 신발의 대량생산과 발전하기 시작하는 자동차의 타이어를 제조한다. 이후 전 세계 최강의 타이어 산업으로 발전하여 세계를 장악하는 브리지스톤(Bridge-stone Corporation,石橋) 타이어가 된다.

구루메 신칸센 역 입구에는 세계에서 가장 큰 브리지 스톤 타이어가 심벌 마크로 서 있다. 브리지 스톤 공장이 있는 거리를 '브리지스톤 거리'라 명명

200년 기업, 일본의 산업역사. 고무버선 영세공장이 브릿지 스톤으로 발전했다.

구루메역과 아리마성 신사, 지방역사의 흔적, 살아있는 중세문화

하고 가로수를 친환경적 수종으로 식수하고 거리를 장식하고 있었다. 공해 산업의 대명사인 고무 화학공업을 그 발상지에서 육성하며 친환경의 도시산 업으로 키워 온 구루메 시민의 지혜가 돋보인다.

구루메에도 16C 초에 축조된 고성은 유려한 흔적으로 시가지를 지키고 있었으나, 메이지 시대 초기에 성과 건물은 철거된 것이다. 현재는 혼마루에 이곳 성주였던 아리마 기념관(有馬記念館)과 사사야마 신사(篠山神社)가 세워졌으며, 일부는 브리지스톤 구루메 공장 부지와 외곽 시가지가 되었다.

수차례에 걸쳐 후쿠오카 시내에 머물면서 본 도시의 모습은 경제적 활력이 넘치는 현대적 대도시의 전형적인 모습이었다. 인구 150만의 도시 규모에 비해 대단한 규모의 인프라와 고층 빌딩 인력이 넘치고 있었다. 후쿠오카 시장은 규슈 전체를 초월해 오키나와와 대만 한국 중국에 까지 미치며 각국 상인들이 넘쳐난다.

후쿠오카에는 수준급 호텔이 수도 없이 많다. 과당 경쟁으로 파산이 나야

활력의 거점도시 후쿠오카, 육상 해상 항공의 중심지　　민가와 근접한 후쿠오카 항구, 접근성의 일본항구, 물류의 천국

할 터인데 계속 증가 확대되고 있다. 국내외에 걸친 여행 관광 유통업이 발전했기 때문에 가능한 일이다. 유통의 꽃인 백화점도 다이마루와 한큐, 미쓰코시를 비롯해 수많은 대형 쇼핑몰이 번창하며 존재한다.

하카다역을 중심으로 초대형 유통단지 역세권은 전 규슈의 핵심이다. 신칸센(新幹線) 공항철도 일반철도 지하철 고속버스 지방 버스가 집중되는 초대형

후쿠오카의 물류와 유통, 민자철도역 중심, 사람과 상품의 대량 수송과 유통

역세권이다. 전통 도심인 덴진(天神)지역 와타나베 도리의 번화함은 마치 동경의 긴자(銀座) 거리를 옮겨온 듯 휘황찬란하다.

이 모두 하카다의 시장 상인들이 만들어 낸 것이다. 그 경제적 영향력과 파급력은 1,500만 명 전 규슈와 오키나와 현, 1억 3천만 명의 일본열도에 달하고 있으며, 전국적 관광지이며 상업도시다.

이 도시는 후쿠오카 근대 상인들이 만들어낸 유통 상공업 도시이다. 그들은 메이지 유신(明治維新) 이후 산업자본주의를 키워냈고, 20세기 초에는 기타큐슈(北九州) 지역에 중화학 중공업과 구루메의 고무 화학 공업을 키워 낸다. 정치적 혁명이 아닌 산업혁명으로 근대화에 기여를 한다.

일본의 지방공항에 가면 느끼는 것이 있다. 국내 공항(Domestic Airport)이 국제공항(International Airpot)보다 규모도 크고 이용객도 많고 시설이 매우 현대

대형 크루즈선박과 불야성의 후쿠오카, 국가의 장벽, 시간의 장벽, 넘어서는 인간들

화되어 있다는 것이다. 후쿠오카 공항도 국내공항이 훨씬 크고 지하철이 연결되어 있다.

내국인의 항공기 이동이 많은 나라, 비행기를 출퇴근 버스처럼 이용하는 나라, 미국과 유사하다. 일본이라는 나라는 남쪽 가고시마에서 북쪽 홋카이도까지 2천8백천Km가 육로로 연결된다. 대만 앞에 펼쳐진 오키나와를 합치면 4천 Km의 길이다. 이 길을 철도와 항공 해로로 연결하는 육 해 공의 커다란 나라이다.

이런 것이 "일본 경제가 내수에 기반을 둔 선진국이 아닐까?" 하는 것이다. 일본 사회에는 '삼분법(三分法)의 원칙'이 있다. 누구든지 부(富)와 권력(權力) 명예(名譽)를 동시에 두 가지 이상 가져서는 안된다는 견제와 균형의 논리이다. 명예는 천황 학자 지식인에게, 권력은 쇼군 사무라이 관료에게, 부는 상인과 농민에게 나누어서 가지게 해야 한다는 상식이다.

후쿠오카는 상인의 장사술로 일본의 산업혁명과 자본주의 발전을 가져오게 했다는 근대화의 믿음이 있는 도시다. 이시바시(石橋 브리지스톤)와 같은 수많은 근대적 기업인의 힘을 보여주는 규슈의 수부(首府)도시였다.

고쿠라(小倉),
번영의 지방도시

고쿠라역의 인프라, 철도 지하철 도시전철 하이웨이, 입체적 조화

시모노세키 건너편 항구 모지꼬항, 바다 비린내가 전혀 없는 청결한 항구였다.

이곳까지 규슈 섬 후쿠오카 현 기타큐슈(北九州) 시이다. 여성 여행객이 드문드문, 한가한 관광지! 항구에 낭만이 흐른다. 거친 파도가 넘실데도, 여행객도 어부도 상인도 조용조용 자기 할 일에 바쁘다.

모지코에서 JR 지방선을 타고 고쿠라(小倉)로 이동했다. 환승 차 들른 고쿠라(小倉)는 지방 환승역에 불과할 거라는 여행자의 무지를 책망하는 대도시였다. 태평양전쟁 말기 미군이 원자폭탄을 투하하기로 예정된 도시가 군수공업이 발전한 이 도시 고쿠라이다.

1945년 8월 9일 오전 고쿠라 상공에 구름이 짙게 깔려, 폭격기 기수를 나가사키(長崎)로 돌린 탓에 두 도시의 운명은 엇갈린 것이다. 폐허의 나가사키,

철도역을 중심 호텔 백화점 쇼핑몰 오피스 빌딩이 거미줄처럼 연결된다.

1945년 8월 9일 원폭이 투하된 나가사키 소녀상. 뒤바뀐 운명, 핵전쟁의 참상

번영의 고쿠라, 20만 명의 생사는 이렇게 갈렸다.

　일본 지방도시를 관찰하면, 철로와 지하철이 집중된 철도역을 중심으로 입체적으로 발전한 것을 알게 된다. 일본은 세계 최고의 인프라와 편익을 갖춘 철도 왕국이다. 여행중 어느 곳에서나 비싸지 않게, 쉽게 구할 수 있는 도시락(べんと, 弁当)도 금상첨화다. 철저한 위생과 유통, 먹거리 걱정이 없는 여행이다

　어떻게 일본은 중앙과 지방도시가 고르게 발전할 수 있었을까? 요즈음 우리 용어로 균형 발전 혁신도시의 역사가 깊다. 역사적으로는 도쿠가와 막부가 전국에 번(藩)을 설치하고 영주(다이묘)에게 조세권과 경제적 자유를 오랫

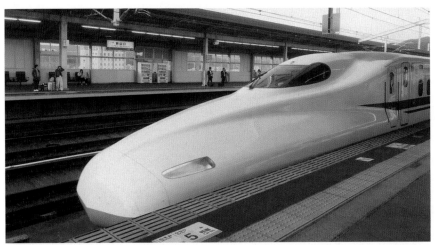
일본의 철도, 근대국가의 진입로 혁명의 불길

동안 인정한 것이다. 지방발전은 영주들의 책임이며 의무였다.

　일 년에 한번씩 에도(江戶 도쿄)와 영지 사이를 오가야 하는 인질정치, 참근교대제(參勤交代)가 전국의 인력과 물자의 유통을 획기적으로 발전시키고 도로망을 발전시킨 요인이 된다. 일본의 5대 간선도로(五街道)가 이때 발전한 것이다. 가장 중요한 요인은 메이지 정부가 서양의 철도망에 자극받아, 1870년대 이후 근대화의 주요 정책으로 철도의 건설과 확충을 전 국토에 구석구석 추진한 것이다.

　철도는 제국의 길이며 지방번영의 길이었다. 일류국가 일본은 이렇게 정신과 물질이 오랜 기간 차근차근 다져진 것이었다. 조선에서는 왕권이 약화된 중기 이후, 중앙 관리가 부임하여 악랄한 수탈과 착취로 지방을 붕괴시킨 것과 대조된다. 어둠이 깊게 깔린 황혼, 고쿠라에서 다시 신칸센(新幹線) 열차에 피곤한 몸을 싣고 우리는 후쿠오카로 향했다.

02

혁명의 불길

전 경찰청장 이택순의 일본 열도 기행

쓰시마 – 현해탄 가는 뱃길

　우리나라 남해안, 부산(釜山)에서 일본 규슈(九州) 사이의 바다를 가리켜 현해탄(玄海灘)이라 한다. 엄밀히 말하자면 대한 해협을 건너서서, "쓰시마(對馬島) 섬에서 일본까지의 바다"를 지칭한다.

　문인들은 이곳에서 "검푸른 태평양의 파도를 만난다!"라고 감격한다. 이번 답사에서 쓰시마는 직접 방문하지는 않았으나, 수년 전 쓰시마를 답사한 경험이 있는 곳이다.

항구의 등대, 공항 관제탑, 사막 미나렛 첨탑. 미지의 길에는 노련한 안내자가 있어야한다.

이 바다는 구로시오 해류가 흐르는 곳으로, 검고 푸른 바다라는 뜻의 현해탄(玄海灘)이다. 현해탄에는 일본 시모노세키(下關)에서 부산(釜山)까지 관부연락선(釜關 페리)과 후쿠오카(福岡)에서 부산까지 정기여객선이 왕래한다. 1905년 러일전쟁에서 승리한 일본은 조선에 대한 식민지 침략을 노골화한다. 부정기적으로 내왕하던 연락선은 병력의 이동과 물자의 이동이 급격히 증가되면서, 1905년에 정기 연락선

선구자의 길, 위험한 사랑 현해탄에 뿌려진 꽃송이

현해탄의 망중한(忙中閑), 한일간의 오해와 불신이 가득 찬 바다길

관부연락선으로 개설된다.

관부연락선은 경부선 철도를 이어서 만주에 대한 일본의 침략이 시도되는 길이었다. 이 해로(海路)는 오래된 한일 역사의 질긴 끈과 같은 길이다. 일본을 오가는 조선의 신지식인과 유학생의 수많은 애환이 현해탄에 뿌려진다.

관부연락선에는 조선 최초의 여류 성악가 윤심덕의 러브스토리가 있다.

1926년 '사의 찬미(死의 讚美, 다뉴브강의 잔 물결)'를 음반으로 출간한 그녀는, 유부남이었던 작가 김우진과 일본에서 귀국 중 이룰 수 없는 사랑을 비탄하며 현해탄 바다로 사라진다.

현해탄 중간에 일본 땅 쓰시마 섬(對馬島)이 있다. 인구 3만여 명 정도의 이 섬은 부산과 50km 정도 거리에 있어, 100km 이상 떨어져 있는 시모노세키나 후쿠오카보다는 부산권의 영향이 더욱 강한 지역이다.

고래로 한국과 일본의 무역 중계지로, 산악이 많아 조선과의 교역 없이는 식량 자급이 안돼 독자 생존이 불가능했던 섬이다. 1868년 메이지 정부 출범 전후로는, 쓰시마 번의 영주가 일본 공사를 대신하여 외교관의 역할을 하기도 할 만큼 친 한국적인 지역이었다.

쓰시마인들은 끊임없이 부산(동래)의 문을 두드리며, 일본인 집단 거주 지역 왜관(倭館)을 초량에 만들기도 했다. 교역이 불가할 때는 본토의 바다 도적들과 합세해, 왜구(倭寇)로 변해 조선 각지와 동중국 해안가를 노략질하던 전초기지가 되던 곳이다.

조선통신사, 형식적 외교 행차 대일 외교의 함정

조선과 도쿠가와 막부간의 공식 외교사절 '조선통신사(朝鮮通信使)'도 부산에서 쓰시마(對馬島)를 거쳐 에도(江戶, 도쿄)로 향하는 것이다.

조선의 한양에서 에도(江戶)로 가는 길은 현해탄과 육로를 거쳐 약 2천Km 로 멀고도 험한 길이었다.

반면 중국 북경으로 가는 길은 육로로만 1천2백Km로 일본 가는 길보다 가깝고 편했다. 일본 에도까지는 약 6개월이 소요되고 중국은 2개월이면 다녀올 수 있으니, 조선의 외교는 지정학적으로도 중국에만 의존하는 일방적 사대외교에 치중할 수밖에 없었다. 대마도는 전시나 격변 시에 일본이나 조선에게 있어서 상대국 사정을 염탐할 수 있는 안테나 역할을 하는 곳이었다.

대마도를 말할 때 한국인들은 "왜 한국의 땅이 되지 못했는가?"를 말하며 진취성 부족을 이야기한다. 우리 조상의 공도(空島)정책이 만들어 낸 결과일 수 있다. 구 한말 강골 유생 최익현이 끌려가 순절한 곳, 불우한 덕혜옹주가 정략결혼으로 한국인의 마음을 울렸던 서글픈 유적지, 해방후에는 일본물품 밀수의 근거지!

쓰시마(對馬島)는 한국인의 마음을 떠날 수 없는 일본 땅이다.

시모노세키,
평화와 전쟁의 바다

후쿠오카(福岡)에 도착한 우리는 시내에 숙소를 정하고 시모노세키로 가는 길을 탐색했다. 항상 도움이 되는 것은 구글 맵과 관광센터에서 수집한 현지 지도이다.

시모노세키 항구 전경, 폭풍우 속에 항구는 적요하였다.

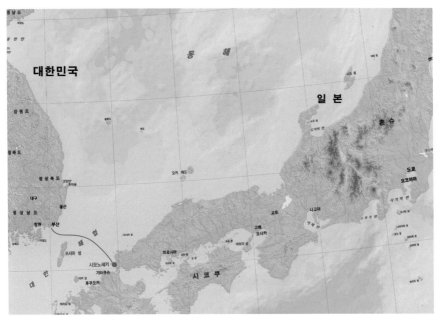

시모노세키 · 후쿠오카, 한반도와 근접한 생활권 토쿄에서 1,000km원거리이다.

　우리는 항상 출발지에 숙소를 정함으로 저녁 늦게라도 돌아와야 한다. 원거리는 이동시간을 고려하여 신칸센(新幹線)으로, 근거리나 시내는 일반철도, 버스나 전철로 이동하는 원칙이었다. 여행자에게는 항상 비용과 시간을 앞에 두고, 어려운 선택을 해야 하는 순간이 다가온다.

　시모노세키 답사의 경우, 보통열차(JR 鐵路)를 이용하면 시간상 무리이므로, 비용이 비싸더라도 신칸센을 이용하기로 했다.

　출발지 하카다(博多) 역에서 시모노세키로 가는 신칸센이 정차하는 곳은 고쿠라(小倉)나 신(新)시모노세키역이다. 이곳에서 다시 보통열차(JR 鐵路)를 타고 시모노세키 역으로 이동하는 것이다.

시모노세키 국제여객터미널, 관부연락선(부관페리)의 일본 출발지, 대륙 진출의 야망도 이곳에서 출발한다.

답사 코스는 국제여객터미널(부관페리 선착장)- 가이코 요메이 타워 (시모노세키의 최고 전망 타워) - 구 아키타 상회 빌딩-영국 총영사관-가라 토 수산시장 -순판루 일, 청(日淸) 강화 기념관-아카마 신궁-조선통신사 상륙 기념비-해안포대

시모노세키에 정박한 선박들, 일본의 근대화는 항구에서 시작해 내륙으로 향한다.

순이었다. 이후 간몬해협을 페리로 횡단하여 규슈의 모지항에 도착하여 고쿠라에서 복귀하는 계획을 잡았다.

한반도에서 가장 가까운 일본 본토(혼슈 本州) 땅, 야마구치 현(山口縣) 시모노세키(下關, 옛 이름 馬關)은 일본의 항구이면서도, 동북아

가이코 요메이 타워에서 바라본, 폭우속의 시모노세키

역사에서 파란만장의 도시이다.

　시모노세키는 대륙과 소통이 되는 일본 서부의 교통요지로, 고래로부터 꾸준히 한반도와 중국과의 교류를 이어온다.

　근대 일본에서 이 도시는, 해상 교통의 요충으로 메이지유신 인물들의 중요한 무대가 되어, 조슈 번(長州 야마구치 현)과 도쿠가와 막부(德川幕府)의 갈등, 서양 세력과 조슈 번이 격돌하는 역사의 장이었다. 사상가 요시다 쇼인(吉田松陰), 천재 무사 다카스키 신사쿠, 조슈를 빛낸 유학생 조슈 5걸(Choshu- Five)과 메이지 유신을 성공시킨 사카모토 료마(板本龍馬)의 주 활동 무대였다.

　1890년 이후 이 도시는 일본제국으로 발전하면서, 청일전쟁과 러일전쟁, 조선 침략, 대동아 번영권(大東亞繁榮圈)이라는 대륙 침탈의 발진기지가 된다.

　전쟁과 평화가 교차되는 두 얼굴을 가진 항구도시 시모노세키의 역사 속에는, 일본 근대화의 명암이 출렁이며, 동북아의 갈등이 진하게 각인되어 있다.

2018년 3월 22일 일본 시모노세키 市의 하늘은, 시커먼 구름과 퍼붓는 봄비에 강한 바람이 스치고 있었다. 일본 열도(列島)가 비가 많은 줄은 알고 있었으나, 3월에도 이렇게 많이 오다니 자연조건이 한반도와 달라도 많이 다르다. 태평양(太平洋)이라는 대양이 혹독한 자연과 기후를 만들고, 그곳에 생존하는 인간을 강하게 만드는 것이다.

시모노세키(下關)는 세찬 빗속에서도, 아담하면서 깨끗한 남국 도시의 인상적인 모습을 선명히 드러냈다. 격동하던 일본 근대화의 물결과 침략의 거점으로서의 잔재가, 도시 전체에 남아 있는 작은 항구도시라는 느낌이 확 다가온다. 간몬해협의 파도는 마치 홍수가 난 듯 노도처럼 강하게 흐르고 있었다.

관부연락선(關釜連絡船/釜關 페리)의 일본 거점, 국제여객터미널에도 풍랑으로 연착된 한국 상인들이, 보따리를 베고 삼 일째 머물고 있었다.

150년 전 메이지 유신 전후의 시기에도, 거센 파도는 혁명가들의 왕래를 이렇게 막았을 것이다. 124년 전 청일전쟁에 출정하는 일본군, 굴욕적인 협상차 입항하는 이홍장, 식민지를 오가는 일본 관리들의 모습이 아른거리는 것은 우리만의 생각은 아닐 것이다.

간몬(間門) 해협을 사이에 두고 후쿠오카 와 시모노세키는 규슈(九州)와 혼슈(本州)로 구분된다. 일본 전체로 보면 해양 문화권에 속하지만, 규슈 사람은 해양 지향적이고 혼슈 사람은 대륙 지향적으로, 문화 정신세계가 서로 다르다. 이런 것이 메이지 유신과 일본 군국주의를 통해, 해양우선 세력과 대륙진출 세력, 해군과 육군으로 나뉘어 서로 다른 이념과 성향을 보이며 일본 제국을 끌고 간다.

20세기 하반기에 이르러 잠자던 사자, 중국의 부상으로 다시 역사는 유전

간몬해협(시모노세키 해협), 본토(本州)와 규슈(九州)의 경계이며, 외해와 내해의 교차점이다.

한다. 시모노세키는 어업과 무역 교통의 중심지로, 동북아의 물류 거점 부산 상해 청도를 연결하는 항로가 개설되고 새로운 변화의 길목에 있었다.

간몬대교, 해협으로 분리된 지역을 다리로 연결한다. 지역 감정을 해소하는 부수적 효과를 거두게된다.

벚꽃이 활짝 핀 남쪽나라의 따사한 화신을 기대한 여행자에겐 최악의 날씨였다. 그날 한반도에도 3월에 드문 대설이 내렸다고 뉴스는 전 한다.

"도미네 쿼바디스!(Quo vadis, Domine!)"

든든한 동반자 이시우 선생의 일본 여행 경험은 초행길에 처음부터 큰 도움이 되었다.

혁명의 발원지,
송하촌숙(松下村塾)

　야마구치(山口) 현 하기시(萩市)는 후쿠오카 하카다역에서 190Km(시모노세키로부터 80Km) 정도 거리에 있는 인구 5만 명의 작은 도시이다.

　동해(일본해)에 접한 이 도시는 막부시대에는 조슈 번(長州 藩, 山口 현)의 번청이 있던 곳이며, '작은 교토'라고 불리울 정도로 전통적인 거리와 문화가 살아 있는 소도시였다.

하기 천수성 모형, 깊은 자존심의 도시

우리는 이 작은 도시를 찾아 후쿠오카 하카다역에서 새벽부터 신 오사카행 신칸센에 몸을 실었다. 지도와 구글 맵을 검색한 결과, 신 야마구치까지는 신 칸센으로, 신 야마구치에서는 역 앞의 버스터미널에서 동 하기행 일반버스를 타고 가기로 일정을 잡았다.

　여행자는 역에 내리면 항상 긴장된다. 지도에서는 쉽게 그려지는 길이, 현장에서는 막상 동서남북 방향부터 헷갈린다. 마치 도상훈련(CPX)을 아무리 잘 해도 현장 훈련(FTX)에서 전혀 무용지물인 것과 같다.

　물어 물어 하기(萩) 행 일반버스를 탑승하니 요금이 무려 2,060엔이다. 1시간 30분 가는데 2천여 엔(2만 원)이라니, 다시금 일본 교통비가 비싼 것을 실감하게 된다.

　하기(萩)는 멀고 험했다. 전형적인 일본의 산촌을 구불구불 돌아 넘어야 하는, 우리로 치면 강원도 동해안의 작은 소도시였다. 이런 곳에서 일본 총리가 십여명 배출되고 일본 근대화의 정신이 샘솟다니 참으로 신비로운 일이다.

하기의 농촌과 전통가옥, 전통은 구차하지 말아야 하고, 현대는 뿌리가 있어야 명맥을 이어간다.

동하기(東萩)에 도착해 주변을 조망해본다.

도시 동쪽에 산악이 병풍처럼 펼쳐지고, 두줄기의 강이 동해로 흘러들어가며, 시가지는 삼각주 평야지대에 항구를 품고 평화롭게 펼쳐진다. 17C 초 모리가문이 도쿠가와막부로부터 박해를 받아 유배된 땅이 이곳 하기성이다.

작지만 평화로운 땅, 산과 바다와 평야를 품고 산물이 풍요로워 큰 인물을 길러낼 수 있는 자연조건은 그런대로 구비한 곳이었다. 문제는 인물을 키워내는 사회제도와 정신 그리고 교육이었다.

거의 도착한 것 같은데 길이나 안내판이 안 보인다. 도로 옆의 허름한 식품점에 들러 노인에게 물었다. 80세 전후의 노인은 "요시다 쇼인, 쇼카 손주쿠"란 단어에 벌떡 일어서 설명해주고, 부족하다 싶었는지 지도를 그려가며 정말 진지하게 안내해준다.

그가 그려준 지도에는 길과 도로 철길 거리가 정확하게 표기되어 있었다.

동하기시 어촌마을, 유신혁명의 진원지

하기 시 촌부(村夫), 정확한 지도와 친절한 지리교시, 일본의 기록정신

우리는 여기서 일본인의 친절과 정학한 기록정신에 또 한 번 놀라게 된다. 기록정신은 노벨상 과학자로 부터 서민에게까지 뿌리내려 있었다.

드디어 우리는 요시다 쇼인(吉田 松陰 1830-1859)이라는 19세기 중반의 급진적 혁명사상가와, 그의 글방 송하촌숙(쇼카 손쥬쿠, 松下村塾)과 생가(生家)를 만날 수 있었다.

요시다 쇼인, 선비인가 혁명가인가!

요시다 쇼인(吉田 松陰)이란 사상가는 19C 중반부터 21C에 이르는 현재까지 일본 국가 정신을 이끌고 있는 사상체계의 중추라 해도 과언이 아니다.

메이지 유신(明治維新)의 발원지는 조슈 번(藩), 하기시 송하촌숙(松下村塾) 이
곳이라 말한다.

"천하는 천황이 지배하고, 그 아래 만민은 평등하다"

-요시다 쇼인-

요시다 쇼인은 1830년 조슈 번(藩)(야마구치 현) 이곳 하기(萩)에서 하급무사
의 아들로 태어났다. 어려서부터 조슈 번의 영재교육을 받은 촉망 받는 병학
사상가였다. 그는 에도(江戸 도쿄)에서의 교육을 마치고 전국을 순례한다. 이런

요시다 쇼인 신사. 국가신사로 성역화된 쇼인 신사, 일본인들의 성역은 주변국가에게 어떤 의미일까?

촌구석에서 자란 그에게 거주이전의 자유가 없던 당시에는 전국 순례는 대단한 특권이며 경험이었다.

　마침 1853년에는 도쿄 만 우라가 항에 입항한 미국 페리 함대의 내항까지 목격하고 일본이 처한 현실과 이상을 정확히 파악한다.

　1854년 미일 화친조약이 체결되자 그는 일본의 서양 식민지화를 우려하며, 나약한 막부와 서양 세력의 척결, 천왕 중심의 국가체제 건설을 주장한다. 나아가 조선을 정벌하고 대만과 만주로 진출하는 길만이 일본의 위기를 타개하는 길이라 설파한다.

　감옥과 글방을 전전한 그는 해외 유학을 꿈꾸고 서구와 미국 밀항까지 시도하나 실패한다. 그에게는 현존하는 실권자 도쿠가와 막부로부터 존왕양이(尊王攘夷)파라는 불순분자의 낙인이 찍혀있다.

1858년 도쿠가와 막부(幕府)는 천왕의 재가없이 미일 수호 통상조약을 체결했다. 이를 빌미로 반 막부, 존왕양이 운동이 전국적으로 벌어진다.

막부의 최고 실력자 이이 나오스케(井伊直弼)가 막부 반대파와 존왕양이를 주장하는 급진파 하급무사 100여 명을 섬거하여 무차별 처단한다. 이듬해 요시다 쇼인(吉田 松陰)도 검거되어 감옥에서 형장의 이슬로 29세에 요절하고 만다. 이것이 유명한 '안세이(安世) 대옥 사건'이다. 그 이후 막부 내부의 개혁파는 위축되었지만, 하급무사들을 중심으로 존왕양이파의 막부 반대 움직임은 더욱 격화되었다.

1860년에는 존왕파 타도의 주역 이이 나오스케(井伊直弼)도 에도(도쿄)성 사쿠라다몽(桜田門) 앞에서 보복하는 하급무사에게 암살되었다. 이후, 일본은 1860년대 후반까지, 근대화와 막부 타도라는 역사상 가장 큰 소용돌이에 직면한다.

요시다 쇼인은 29세에 요절했지만, 그의 사상은 1857년부터 고향 하기에서 운영한 글방 '송하촌숙(쇼카 손쥬쿠 松下 村塾)'의 문하생을 중심으로 메이지 유신과 일본제국, 군국주의 일본을 거쳐 부활한다.

진보성향의 송하촌숙 글방은 문하생들의 신분과 지위를 차별하지 않고 선발했다. 기도 다카요시(木戸 孝允), 다카쓰키 신사쿠(高杉 晋作), 구사카 겐즈이(久坂玄瑞)와 같은 명문가 출신과 하급무사 출신의 이토오 히로부미(伊藤博文), 야마카토 아리토모(山縣有朋)와 같은 인물들이 서로 섞여 혁명의 동지가 된다. 여기에 그의 교육은 만민평등사상을 내포하며 혁명사상으로 발전한 것이다.

세계문화유산 송하촌숙(松下村塾), 벽촌의 작은 글방, 일본정신을 이끌고 나간 비결은 무엇인가?

　1년여 수학한 요시다 쇼인 스쿨 문하생 중에는, 선각자로 존왕양이를 주창하며 최선봉에서 짧은 생애를 마친 이와, 후발자로 오래 살아남아 제국의 건설에 참여한 자로 갈린다.

　메이지 유신 삼걸(三傑)의 한 명으로 손꼽히는 기도 다카요시 (木

쇼인의 문하생들, 메이지 유신의 초석을 놓다.

戸 孝允 / 1833-1877 별명 가쓰라 고고로 43세)와 불꽃같은 혁명가의 삶을 산 다카쓰키 신사쿠(29세), 구사카 겐즈이(25세)가 짧은 생애를 마친 사람이다.

　단명한 천재들을 먼저 보내고, 최하층 서민 출신의 문하생이 그의 정신을 계승하면서 메이지 유신을 완성해 나간다.

쇼인과 수제자, 군국주의자 야마가토 아리토모 총리대신 쇼인의
국수주의, 군국주의의 본산이 된다.

이들 대부분이 조슈 번(長州 藩) 송하촌숙(松下 村塾) 출신이다. 초대부터 4차에 걸쳐 일본제국의 총리대신을 역임한 거물 이토오 히로부미(伊藤博文)와, 3대부터 2차에 걸쳐 총리대신을 억임한 육군대장 출신 야마카토 아리토모 (山縣有朋)가 쇼인 사상의 상속자가 된다.

이들은 청일전쟁과 노일전쟁을 기획하고 조선 침략을 실행하며 요시다 쇼인 사상을 실천에 옮긴다. 메이지 유신 이후 150년간 일본을 장악한 일본 우익세력, 그 들에게는 요시다 쇼인의 사상이 깊숙이 자리 잡고 있었다. 이른바 정한론(征韓論)은 요시다 쇼인의 대륙 진출론(大陸進出論)에서 유래한다. 송하촌

생동하는 쇼인사상, 남녀 노소가 쇼인의 글방을 찾는다. 한민족의 쇼인은 누구일까? 세종대왕, 성웅 이순신?

숙의 안내 여직원들은 일장기의
백색과 적색으로 디자인한 옷을
입고 있었다. 오늘도 수많은 일본
인이 참배하고 있었다!

송하촌숙의 하기 바닷가,
청년낚시꾼 고기를 잡고 있을까? 희망을 낚고 있을까!

일본에서 '경영의 신(神)'으로
추앙받는 마쓰시타 고노스케(松
下幸之助)는 '내셔널 전기 파나소
닉'의 창업주다. 그가 1979년 일
본의 차세대 리더 양성을 위해
사재 70억 엔을 들여 마쓰시다 정경숙(松下 政經塾)을 설립하였다.

요시다 쇼인의 글방을 모방하여 정경인재를 키운다는 것일까? 현대판 송
하촌숙(松下 村塾)의 냄새가 진하게 난다. 야마구치 현 출신 정치인 아베 신죠
(安倍 晋三) 현 총리와 그의 외조부 기시 전 총리도 요시다 쇼인 사상의 신봉자
이다.

일본 우익세력의 정신적 지주, 요시다 쇼인(吉田 松陰)을 경외(敬畏)하면서도
경계(警戒)해야 하는 이유이다. 일본 근대화를 견인한 야마구치현, 촌 동네 하
기시, 요시다 쇼인과 송하촌숙(松下 村塾)!!

하기의 젊은 청년들은 무엇을생각하며 동해(일본해)에 낚싯대를 던져 넣는
것인가? 조용한 바닷가, 섬으로 출항하는 배가 승객을 기다리며 기적을 울려
덴다. 이제 이방인도 다시 번잡한 도시로 돌아가야 하는 시간이다.

간몬해협,
전쟁의 소용돌이

시모노세키 해변에서 메이지유신의 인물들을 만난 우리는 간몬해협(시모노세키 해협)을 건너 기타큐슈시 간몬항으로 이동한다.

규슈와 혼슈를 연결하는 간몬대교, 일본의 일체화에 기여한다.

봄비가 세차게 내리는 간몬해협(關門海峽, 下關해협/바칸 해협)은 거칠고 사나웠다. 간몬해협은 일본 내해(세토나이카이, 瀬戶內海)에서 현해탄으로 나가는 서쪽 입구로, 야마구치 현이 속한 혼슈(本州) 시모노세키와 기타큐슈(北九州) 모지코 항을 가르는 거센 물결의 바다였다.

이 거친 파도처럼 개방(開放)과 양이(攘夷)로 대표되는 격렬한 근대화의 갈등이, 1863년 5월 시모노세키 해협(간몬해협)에서 포성과 함께 시작된다.

왜 조슈(長州, 야마구치 현)라는 지역은 에도(江戶)막부에 극렬히 저항하며, 이 해협을 봉쇄하고 서양 세력과 무모한 전쟁을 일으켰을까? 이것이 이 지역 답사의 주요 테마였다. 조슈 번(長州藩 야마구치 현)의 번주 모리(森, もり) 가문은 원래 도요토미 히데요시를 지원하는 서군(西軍 관서지역)의 유력 세력이었다.

동군(東軍 관동지역)의 지원으로 승리한 도쿠가와 막부는, 출범 초기부터 충

모지꼬 항, 작은 해변 도시 평화와 자유가 흐른다. 150년전 이곳은 전쟁의 포성으로 뒤 덮혔다.

조슈번이 제작한 대포, 저항과 독립의 상징 서양대포를 복사해,
하기의 소규모 공방에서 비밀리에 제작한다.

성심이 의심되는 조슈 번을 도자마 다이묘(外樣大名)로 분류하고 경계대상 1호로 감시한다.

제거하기에는 너무 강한 모리 가문은 혼슈의 중심부 히로시마에서 서쪽 끝 조슈(長州)로 밀려나며, 번청도 동해의 끝인 벽촌 하기(萩)로 갈 것을 명령받았다. 이후 250여 년간 막부에서 온갖 박해만 받아 영주로부터 하급무사에 이르기까지 불만이 극에 달했다.

19세기 중반, 조슈 번은 중국이 아편전쟁으로 침략당한 것을 목격한다. 일본에도 막부의 대외개방정책으로 극심한 인플레가 초래되며 민생이 피폐해지자, 조슈의 무사들에게는 서양의 침략에 대한 우려가 더해진다. 게다가 조슈 출신 요시다 쇼인과 같은 명망 있는 사상가가 막부로부터 존왕양이 운동으로 사형에 처해진 것에 분노한다.

요시다 쇼인, 존왕양이(尊王攘夷)의 명분을
저항의 이념으로 내세운다.

이런 여러 가지 불만이 복합하여, 조슈 번은 언제라도 막부에 대한 반란을 일으킬 여건이 성숙된 지역이었다. 불리한 여건에서 비슷하게 출발한 사쓰마 번(가고시마 현)이 막부와의 관계를 개선하고

간몬해협을 횡단하는 페리호, 지방철도 종착역 모지코

공무합체 (公武合体)를 추진하여 협력관계로 전환하는데 성공한다. 반면, 조슈 번은 천왕을 옹립하며 막부를 무너뜨리고, 서양 세력의 침략을 막아야 한다는 존왕양이(尊王攘夷) 강경책의 선두에 서 있었다. 막부에서도 무력정벌의 대상이었다.

막부가 개방정책을 추진한지 9년이 되는 1863년 5월, 요코하마를 거쳐 상하이로 가던 미국 상선 램브룩호를 향해, 시모노세키의 단노우라와 가메야마 해안포대에서 포격을 가한다. 이어서 프랑스 전함 네덜란드 군함을 향해 포를 사격하며 해협을 봉쇄한다.

이에 대한 보복으로 1년 뒤 미 영 불 화란의 연합함대가 조슈 번의 해안포대를 쑥밭으로 만들고 포대를 점령한다. 이른바 시모노세키 전쟁이었다. 국제정세에 어두운 조슈 번이 서구 열강을 상대로 전쟁을 해서, 막부의 개방정책을 포기시키고 전복시키겠다는 무모한 도전이었다.

1864년 전쟁 발발 위험성을 런던 신문에서 전해 들은 조슈 5(Five) 유학생

이토 히로부미(伊藤博文)는 학업을 포기하고 고국을 위해 귀국을 결심한다. 무사 복장으로 런던으로 출발한 이토가 1년 만에 상투를 자르고 양복 차림으로 나타나자, "서양 오랑캐로 변신했다"라며 목숨까지 노리는 자가 나타날 정도였다.

이토는 조슈 번에 연합국과의 대화를 설득하나 실패하며, 강화 협상 대표 다카쓰키 신사쿠의 통역으로 참가하며 처음으로 외교 업무에 입문한다.

전쟁 결과 서방의 요구 사항을 전부 들어주고 자유통행을 보장하는 강화협상이 체결되었으며, 조슈 번은 서양에 대항하는 양이

점령되는 단노우라 포대, 서양의 월등한 군사력에 양이운동은 방향을 선회한다.

(攘夷)의 한계를 철저히 자각하는 계기가 된다.

막부에 대한 뿌리 깊은 불신과 서구 열강에 대한 인식의 결여로 불거진 전쟁이었다. 이후, 조슈 번은 최신 군함을 화란에서 구입하고, 인재를 서양에 파견하여 교육을 받게 한다. 군제를 개편하여 신분에 관계없이 모두가 무사가 될 수 있는 기병대(奇兵隊)를 창설하여 군사력을 대폭 강화한다. 변화는 힘

비밀유학하는 조슈5걸, 양이운동의 한계를 절감하게 된다.

단명한 천재 혁명가, 다카스키 신사쿠
"움직이면 번개, 일어서면 비바람"

을 모으고 힘은 혁명을 가능케 한다. 이러한 힘과 변화를 기반으로 도쿠가와 막부를 타도하는 세력의 선봉에 조슈 번이 나서는 것이다.

간몬해협 시모노세키에는, 저녁이 되면서 비가 그치고 평화로운 시골 도시의 모습으로 여행객을 맞아들이고 있었다. 이제 여기서 고쿠라 시로 이동하기 위해 우리는 한적한 지방열차로 환승한다.

모지코의 근대건물과 지방철도 종착역

야마구치 현,
권력 사다리

　17C 초 도쿠가와 막부 집권 이후, 서남지역의 유력세력 모리(森) 가문은 반역 불온세력으로 분류되어 변방의 낙후 지역 조슈(長州) 번 하기(萩) 성으로 낙향한다. 그러나 아이러니하게도 그 조슈(長州 야마구치 현)에서 근현대사에 가장 많은 정계 인물을 배출하게 된다.

　일본제국의 총리대신만 보더라도 초대 이토 히로부미 (伊藤博文 백작, 4차 중임), 야마가타 아리토모(山縣有朋 육군대장,

송하촌숙(松下村塾)글방, 메이지 유신의 발상지

2차 중임), 가쓰라 다로(桂太郎 육군대장, 3차 중임), 데라우치 마사타케(寺内正毅 육군 대장, 초대 조선 총독), 다나카 기이치(田中義一 육군대장)가 권력을 장악한다. 그 위에 내무경 외무경 대장경 문부경 육군경 참모총장등 요직에 포진한 인사는 수를 헤아릴 수없이 많다.

2차대전 패전 이후 민주 정부에서도, 기시 노부스케(岸信介 자민당 총재, 2차 연임) 사토 에이사쿠(佐藤栄作 3차 연임) 간 나오토(管直人 민주당 대표) 아베 신조(安倍 晋三 4차 중임 자민당 총재)를 더하면, 가히 근현대 일본 권력은 조슈벌(長州閥, 야마구치현)이 장악했다고 해도 과언이 아니다. 이중 기시(岸信介)는 아베 수상의 외조부, 사토(佐藤栄作)도 기시의 동생이니 정치 명문을 넘어 영속적인 쇼군 수준이라고 나 할까!

제국의 총리들은 이토 히로부미를 제외하면 모두 일본 육군대장(陸軍 大將) 출신이라는 게 이채롭다. 따라서 조슈 번(야마구치현) 출신으로 일본 육군 고위직으로 진출하기만 하면 최고의 정치권력이 되는 것이다.

라이벌 사쓰마 번(가고시마 현)도 총리대신 야마모토 곤노효에(山本権兵衛)를 필두로 해군 대장(海軍大將) 출신 등 총리가 9회나 배출되니, 육군은 조슈 해군은 사쓰마로 일본 제국은 군국주의로 치달을 수밖에 없었다.

일본 육군은 어떻게 조슈 번의 권력 사다리가 되었을까?

1864년 시모노세키 전쟁에 패

기병대 창설자 다카스키 신사쿠, 신분제도 혁파의 선봉이 된다.

송하촌숙의 문하생들, 제국의 지도자가 되다

배하고 난후 조슈 번은 군비확장에 주력한다. 프랑스 육전대에 의해 시모노세키 포대가 점령되고 포를 몰수당하는 수모를 겪고 난후에는 특별히 육군의 강화에 주력한다.

여기에 등장되는 인물이 요시다 쇼인(吉田 松陰 29세)이 만든 학당 송하촌숙(松下村塾, 쇼카존수쿠)의 천재 다카쓰키 신사쿠(高杉 晋作, 1839년-1867년, 28세)이다. 그는 번 정부와 스승 요시다 쇼인에게 인정받는 자타 공인의 촉망받는 인재였다. 출신성분도 유복한 녹봉 160석의 상급 무사였다.

그는 명륜당(明倫堂)이라는 전통교육뿐만 아니라 송하촌숙(松下村塾)의 진보적 사교육을 이수하여 보수와 진보를 넘나드는 인물이었다. 그를 두고 이런 표현이 있다 "코를 꿰지 않은 소처럼 날뛰며, 식견과 기백에서 그를 넘을 사람이 없다"

1864년 그에게 조슈 번의 무너진 육군 재건 명령이 떨어진다. 그는 보수적 사무라이만으로 구성된 정규군에, 농민 상인 승려까지 포함되는 '기혜이타

평생의 라이벌, 이토 히로부미와 야마가타 아리토모

요시다 쇼인 신사, 송하촌숙을 넘어 국가이념으로 채택된다.

이(기병대 奇兵隊)'란 조직을 만들어, 번내의 모든 인재에게 무사의 자리를 혁신적으로 개방했다. 그런 뜻에서 기이(奇異)한 군대란 뜻의 기병대가 된다.

근대적 국민개병주의 징병제의 시작이다. 신분의 제약으로 평생 하층민으로 살 수밖에 없는, 이토오 히로부미(伊藤博文), 야마가타 아리토모(山縣有朋)와 같은 인물들이 송하촌숙의 인연으로 기병대에 충원된다. 기병대의 모든 훈련과 편제는 송하촌숙 동문들에 의해 운용된다.

기헤이타이는 도쿠가와막부 타도에 주력부대로 역할하며 혁명군으로 승리한다. 여기에 속해있던 인물들이 자동적으로 메이지 육군에 편입되는 것이다. 그들은 조슈 벌(長州 閥)이라는 정권적 특혜와 서양식 군사교육, 해외 유학, 청일전쟁, 러일전쟁, 조선 침략을 거치며 엘리트 군인으로 성장해 일본제국의 권력자가 되는 것이다.

그들의 영원한 정신적 스승은 요시다 쇼인(吉田 松陰 29세 작고)이며 정신적 고향은 송하촌숙이었다. 정신적 기둥은 유신삼걸의 한 명인 기도 다카요시(木戸 孝允 1833-1877 43세 작고), 선봉장은 천재 다카스키 신사쿠(高杉 晋作 28세 요절)였다. 단명한 천재들은 먼저 가고, 평민 출신으로 제국의 총리에 오른 이토 히로부미와 야마가타 아리토모는 평생의 동지이자 경쟁자로 조슈 벌의 선구자였다.

요시다 쇼인의 송하촌숙과 다
카스키 신사쿠의 기병대가 창설
되지 않았다면 이들은 아마도 하
기의 한 농촌에서 평범히 살고
있는 농부였을 것이다. 아베 신조
(安倍晋三) 현 총리도 '신(晋)'이라
는 글자를 숭배하는 인물 다카쓰
키 신사쿠(晋作)에서 차용해왔다.

시모노세키 구 영국총영사관

그의 지역구가 시모노세키시
가 포함된 야마구치현 제4선거구이다. 시모노세키 해협은 항상 파고가 높을
수밖에 없는 혁명의 바다였다.

파고 높은 혁명의 바다, 간몬해협

순판루(春帆樓), 치욕과 영광

이제 우리는 시모노세키 답사의 마지막 일정으로 청일전쟁이 종결된 협상 장 순판루(春帆樓)를 찾아 나선다. 세찬 봄 빗속에 걸어 다니며 이국의 거리를 찾아다니는 게 보통 고역이 아니다. 간몬해협에 위치한 유명한 가라 토(唐戶) 수산시장에서 간몬 대교 쪽으로 약 5분만 걸어가면, 왼쪽 언덕에 일청 강화 기념관 순판루(春帆樓)가 나타난다.

일청강화 기념관, 승전국 일본 패전국 청국의 회담장소

순판루 회담은 일본 근대화에 어떤 영향을 주었으며, 한반도는 왜 이곳을 기억해야 하는가?

요행이도 우리가 방문한 시기와 비슷한 시기에 120여 년 전 협상은 시작되었고, 벚꽃이 피어나고 봄이 무르익던 절기였다.

순판루(春帆樓)는 청일전쟁(日淸戰爭)의 종결을 위해 1895년 3월 양국의 대표 청국의 북양대신 이홍장(李鴻章)과 일본 총리대신 이토(伊藤博文)가 회동을 한 동북아 근대사의 이정표가 되는 장소이다.

일본인에게는 동양의 종주국 중국을 물리친 무한의 영광(榮光)을, 중국인에게는 동양의 패권을 소국 일본에 빼앗기는 지울 수 없는 치욕(恥辱)을, 한국인에게는 국가가 침탈당하는 약소국의 비애(悲哀)를 느끼게 하는 역사의 현장인 건물이다.

순판루(春帆樓)기념관은 기와가 가지런히 단장된 깨끗한 2층 건물이었다. 양측 대표단의 동상, 회담 장면, 사진, 문서와 기록, 테이블, 찻잔, 만년필 등 각종의 물품이 보존되어 관광객을 맞고 있다.

1894년에 발발한 동학란을 진압하는 명분으로 출병한 청과, 이에 대응해 일본도 군대를 파견한다. 이후 한반도의 주도권을 놓고 청국은 조선의 종주권을 고수하려 하며, 일본은 조선을 일본의 영향권으로 편입하려는 의도에서 한반도에서 충돌한다.

일본군이 청군을 격파하고 대륙 만주로 진격한다. 청의 위신은 땅에 떨어지며 열강의 권고로 굴욕적인 강화협상에 들어간다.

청의 전권대표 이홍장(李鴻章, 1823~1901)은 한족(漢族) 출신으로 일본 측 대표 이토보다 나이가 18세나 연장자였다. 태평천국의 난을 진압한 무공과, 중국

1895년 3월 강화회담 시작, 목련과 사쿠라의 계절이었다.

의 개화운동인 양무운동을 주동하고 서양과의 외교 교섭 경험이 풍부한 노련한 개혁파 정객이었다.

이홍장은 천진에서 기선을 타고 시모노세키에 도착한다. 회담 중 일본인 강경파로부터 얼굴에 총상을 당하는 사고도 있었으며, 서구 열강의 개입이 시작되기 전에 회담을 끝내려고 일본 측은 서둘렀다.

회담을 진행하며 패전국의 회한을 되씹던 산책길이 이홍장 길(李鴻章 道)로 보존되고 있다. 협상의 대표인 그에게 영토할양과 막대한 배상금을 양보하여 매국노라고 비판하는 일부 비판이 있기는 하나, 패전국이며 일본군이 북경 공격을 주장하는 급박한 여건에서 불가피했던 당시 상황이었다. 그에게

협상 대표 이홍장과 이토 히로부미 석조 흉상, 중국인은 영원히 기억하기 싫고, 일본인은 한시라도 잊지 않은 두 얼굴

는 '열강의 개입'이라는 외교적 복안이 있었다.

　일본 대표 총리대신 이토(1841년생)도 이곳 야마구치현 하기시의 미천한 하급 무사 출신이었다. 청년 시절 시모노세키 전쟁 시(1864년) 패전국의 통역으로 치욕을 맞본 경험과 서구 열강의 막강함을 알고 있는 국제감각이 뛰어난 인물이었다.

　일본 대표 이토와 청국의 대표 이홍장은 상호 설득과 압박으로 협상을 이끌었으나, 조선의 실질적 독립은 그들 안중에는 추호도 없었다. 독립(獨立)이란 용어는 "중국의 속국이라는 위치에서 일본의 영향력하에 들어가는 국가"라는 뜻이 포함된 것에 불과했다.

흑백사진 속의 구 순판루, 이토 히로부미와 이홍장

복구된 협상당시의 현장, 일본인의 기록과 보전정신은 유전자속에 있는 것 처럼 타고 났다.

어떻게 일본은 작은 항구 시모노세키(下關)에서 강화협상을 벌였을까? 협상장을 어떤 곳으로 정하는가는 예나 지금이나 국력의 작용이다. 승전국은 자국의 영토 안에서 패전국은 제3의 장소로 하려 함이 기본이다.

당초 청나라는 전쟁에는 지고 있었지만, 서구 열강의 힘을 빌려 일본을 외교적으로 압박하고자 상해나 북경에서 협상할 의도였다.

승전국 일본은 청나라 적지에 가서 유럽 열강이 간섭하는 회담을 바라지 않았다. 중국에서 가장 가까운 일본의 항구도시 시모노세키로 불러들인 것이다. 이토에게는 30년 전 시모노세키 전쟁의 패배를 맛본 고향 야마구치(조슈번)의 바닷가였다. 과거의 치욕을 만회할 절호의 장소였던 것이다.

협상 결과 조선을 청국에서 독립시키며, 일본은 대만과 요동반도를 할양받고 거액의 전쟁배상금을 받아낸다. 이러한 가혹한 회담 결과를 비판하며 만주에 이권을 가진 러시아가 주도하여 프랑스 독일이 가세하는 '삼국간섭'이 발생한다.

한반도의 운명은 이때부터 일본 중국 러시아가 개입하는 국제적 분쟁의 성격을 띤다.

2차대전 후에는 미군의 한반도 진주로, 미국까지 관여하는 4대 강대국이 관여하는 복잡한 외교전에 돌입한다.

현재의 동북아 정세는 120년 전 청일전쟁에서 비롯됐음을 상기하게 된다.

일본의 근대 인물 이토 히로부미는 현재까지도 한반도 정세에 보이지 않는 역사의 긴 그림자를 드리우고 있다.

복어(ふぐ)의 미학,
사무라이 정서

"복어를 먹지 않는 사람에게는 후지 산(富土山)을 보여주지 말라" 일본 속담이 있다.

가라토(唐戸) 수산시장 앞에는 시모노세키의 심볼 세계 최대의 복어 조각상과 복어 애드벌룬이 올라와 있다.

세찬 봄비 속에 순판루앞 해변에 위치한 제법 품격 있어 보이는 일본 정식요리집에 들렀다. 배낭을 맨 여행객이지만 가끔 호기를 부리고 싶은 때가 있다.

시모노세키의 대표어(魚) 복어(ふぐ)를 주요리로 하는 식당이었다.

점심 정식을 선택하니 정갈한 복 생선회가 제공된다. 일본 음식치고는 양도 충분하고 서울에서는 일 인당 30만 원은 될 가격이다. 5천 엔으로 약간 비싸지만 품격이 높고 내용이 충실해 꼭 경험해 볼 음식 문화체험이었다.

복어회(ふぐの刺身) 그리고 사시미(刺身)란 일본인에게 어떤 의미를 가질까?

칼(かたな), 복어(ふぐ), 사쿠라(さくら), 사무라이 일맥 상통하는 일본 정서가 묻어 나온다.

"봄날 활짝 피었다가, 어느 날 바람에 눈 송이처럼 떨어져, 사라지는 사쿠라 꽃"처럼 사는 인생관이 전통적인 일본인 몸에 배어있다.

맹독을 품은 복어를 최고로 즐기는 일본인이다. 그 들은 화산, 지진, 태풍, 쓰나미, 폭설 온갖 재난에 강인하게 맞서기도 하고, 때로는 체념 속에 공포의 자연에 순응하며 살아가고 있다. 죽음의 행진에서 처연히 질서를 지키는 사람들을 후쿠시마 원전 폭발현장에서 우리는 목격했다.

벚꽃(櫻花 사쿠라) 일본 국화,
화려함과 순간적 종말, 일본 무사의 전통이었다.

꽃꽂이, 근세 일본 북산문화, 칼과 예술이 스며든다.

　사생결단의 기백(氣魄), 투혼(鬪魂)정신! 격렬하게 투쟁하고, 대세에 승복하며 할복하는 사무라이의 정신이다. 수많은 자연재해 속에서 인생의 덧없음을 깨닫고 자연에 귀의하는 과정이 너무 격렬하였다.

　토속신앙 신도(神道)와 불교(佛敎)에 귀의하여 자연에 기도하며 구복하는 것이 그들의 일상이었다. 이곳에 개신교가 설 여지는 별로 없어 보였다.

재난속에 피는 역사, 一生懸命(목숨걸고 전념함)의 문화

- 바램은 기도로,
  정성은 불사로 -

道中安全
音羽地蔵尊

일본의 현대 건축물을 보면 그들이 어느 정도 지진과 태풍 재난에 철저히 대비하고 있는지 쉽게 알 수 있다. 철제 빔으로 천정과 기둥을 세우고 그 사이에는 엑스(X)자로 다시 빔을 넣고 층마다 대들보식의 철강으로 바쳐 넣는 식이다. 고가도로나 교량에서도 이방식은 철저히 지켜지고 있었다. 이것이 일본식 내진(耐震)공법이다.

철거하는 건물에서 작업하는 과정을 보면 "철거가 건축보다 더욱 정교하고 철저하다"는 동행자 이시우 선생의 설명이었다. 떨어진 낙엽을 쓸어담는 청소원의 행동이 수도하는 사람의 자세다.

일본에서는 바다나 생선, 음식점에서도 생선 비린내를 거의 맡을 수가 없다. 해양과 생선의 나라에서 생선 썩는 냄새를 맡아본 적이 없다. 냄새에 민감한 일본인은 김치냄새와 마늘 냄새에 익숙한 한국인과 달라도 너무 다르다.

대한 해협을 사이에 두고 똑같은 바다와 생선! 한국과 일본은 왜 이렇게 차이가 있는가?

갯벌 때문인가? 처리 기술 때문인가? 식습관의 차이인가?

메이지 유신 이전에도 과연 이렇게 위생적이었을까? 이번 역사기행의 작은 과제다.

03

근세의 서광

전 경찰청장 이택순의 일본 열도 기행

청수사,
종교의 정치화

　일본의 천년 수도 교토(京都)의 명찰(名刹)을 몇 개 들자면 청수사(清水寺 기요미즈데라)와 금각사(金閣寺 킨카쿠지), 은각사 (銀閣寺 긴카쿠지)를 꼽을 수 있다. 우리는 교토의 동북 쪽 오토와 산에서 역사 향기를 듬뿍 내뿜으며, 살아 움직이는 유명한 사찰 청수사(清水寺)로 향했다. 교토역 앞에서 기요미즈데라(清水寺)로 가는 시내버스는 2~3분마다 출발하여 접근성도 매우 좋다.

명승 명찰(名勝 名刹) 청수사, 천년도량의 입지

청수사(淸水寺)는 유네스코가 지정한 세계문화유산으로 AD 780년 나라(奈良)의 승려 엔친이 세운 사찰로 알려져 있다. 현재의 건물은 1633년에 도쿠가와 막부에 의해 재건축된다. 고대의 향기가 서린 사찰에는 도쿠가와 막부, 메이지유신과 군국주의 그리고 현대의 역사가 깊게 드리워져 있다.

절의 이름은 주변의 언덕에서 단지 내로 흐르는 폭포의 맑은 물, 기요미즈(淸水)에서 유래하며, 수많은 사람들이 성스러운 물을 마시기 위해 찾아온다. 우리가 방문한 날도 끈질기게 내리던 비가 잠시 그치고 파란 하늘이 보이며, 오가는 인파가 물결을 이루고 있었다.

우선 이 사찰은 입지면에서 최고의 명당(明堂)의 안목을 지녔다. 산과 도회지가 접한 곳, 적당한 언덕 높이에서 시내를 조망하는 전경이 보인다. 서남향을 보고 앉아 방문객 누구라도 가슴이 트이고 머리가 시원해지는 위치이다. 큰 물줄기가 사찰 옆으로 흐르니, 고산지대의 물 부족도 없어 항상 풍성하다.

사찰 입구 쪽의 언덕 상가와 기념품점 레스토랑이 사찰의 명성에 힘입어

수 많은 사람의 기원과 기도로 명찰은 번창한다.

번성한다. 주변 사람은 평안하며, 부와 번영의 길을 이루고 있음도 명찰의 기운을 더한다.

인간의 발길이 닿지 않으면 명당이 아니다. 인산인해의 물결이 저마다의 소원을 빌기 위해, 향을 피우고 기원을 담은 부적을 제단에 올리고 있었다. G-7의 세계 선진국, 일본 국민이 부적에 의지하다니 아이로니컬하다.

그 유명한 교토의 전경을 탁 트인 산 위에서 볼 수 있는 기회를 가진 것은 큰 행운이었다. 명찰 명산 명승은 언제나 그 이름값을 톡톡히 한다.

역시 일본은 불교국가이다. 우리가 서유럽 여행을 하면 항상 만나게 되어 있는 성당과 교회 수도원처럼, 일본 여행은 종교 건물인 불교사찰과 신사(神社)의 흔적을 피할 수가 없다.

일본 기독교는 16세기 중반 포르투갈 선교사를 통해 나가사키로 전해졌지만, 도시에서 교회나 성당을 찾아보기는 어렵다. 한국과 비교해 볼 때 매우 특이한 일이다.

기요미즈데라에는 불교 사찰과 신사(神社)가 한 장소에 위치해 있다. 일본 불교와 신도(神道)의 돈독한 관계를 보여준다.

한국인들은 일본 불교사원에 대하여는 친근하게 느끼지만, 일본 신사(神社)만 만나면 부정적으로 되는 사람이 많다. 식민주의 시절 강요된 신사참배(神社參拜) 때문이다.

일본 불교의 대중성, 도심에 위치한 사찰이 일상생활과 동반한다.

신사(神社)에 대한 부정적 인식은, 서로의 민족감정을 자극하며 당분간은 사라지기가 매우 어려울 것 같다.

한국에도 고유의 토속신앙 산신령(山神靈)의 사상은 일상에 스며있는 자연스러운 사상 관습이었다. 한국불교가 포교 과정에서 토속신앙을 포용하며 불교 사찰에 삼성각(三聖閣)을 설치하여 산신(山神) 칠성(七星) 독성(獨聖)이 사찰에 자리하였다. 외래종교인 불교와 토속신앙의 통합이었다.

일본의 신도(神道)도 본래의 고유 종교로 불교가 전파되기 전에 일본인들이 믿는 순수한 토속신앙과 생활습관이었다. 모여서 기도하던 종교시설이 신사(神社)였다. 또한 일본 불교도 전래 과정에서 토속신앙인 신도(神道)를 포용하고 조화하며 공존하여 왔다.

평화롭고 일상적이던 신도(神道)가, 메이지유신 이후에 국가신도(國家神道)의 성격을 띠고 국가의 이데올로기로 고양되며 변질된다. 일본제국의 조직적

일본 신도와 불교의 융화

보호와 장려정책에 힘입어 일약 국가신도(國家神道)로 발전해 나간다. 메이지 정부가 순수한 종교를 이용해 천황의 신격화와 군국주의를 강화하려는 시도였다.

한일강제 합병 후에는 식민 통제와 사상 통제를 위해 조선신궁(朝鮮神宮)을 만들고 신사참배(神社參拜)라는 전대미문의 종교 폭거가 한반도에서 이루어진다. 타민족에게 자신의 종교를 강요하며 심지어 기독교인들도 신사참배를 강제당한다.

반면 한민족으로 부터는 "왜놈의 귀신"이라는 극단적 평가를 받게 되면서, 신도와 신사참배에 대한 극단적 부정 평가가 형성된다. 일본 식민지정책이 졸열하고 반인류적이었다는 증거다.

원래 메이지 유신(明治維新)을 위해 싸우다가 희생한 애국 유신 지사들을 진무키위해 1869년 동경 한복판에 만든 것이 야스쿠니 신사(靖国神社)였다. 최초 이름도 유신 지사의 원혼을 위로한다는 초혼신사(招魂神社)였다.

한국의 토속신앙과 불교의 수용

야스쿠니 신사의 정치성과 종교성
국가신도의 위험성은 군국주의와 극우주의의 부활이다.

국가신도와 일반신도
국가신도의 정치화는 종교의 정치오염을 초래했다.

이후 청일전쟁, 노일전쟁에서 사망한 자들의 영령을 위해 제사한다. 여기에 천황의 참배라는 특별한 대우를 해 준다. 야스쿠니 신사는 국민에게 천황 숭배와 군국주의를 고무하며, 침투시키는 데 절대적인 구실을 하였다.

2차대전 후에 맥아더 군정이 야스쿠니신사를 순수한 종교시설로 환원시켰다.그러나, 일본 정부는 정치적 목적으로 도죠 히데키등의 2차대전 전범(戰犯)을 합사하고 참배를 함으로서 주변국의 심한 반발을 초래한다. 식민지배와 침략을 당한 주변국을 배려함이 없어 일어난 반역사적인 행동이다.

깎아지른 절벽 위로 돌출되어 있는 본당의 툇마루 '청수대(清水の舞台)'에서는 교토 시내 경치가 한눈에 들어온다. 사시사철 변하는 숲과 자연이 오묘한 조화로 눈길을 끈다.

단풍과 설경으로 보는 청수사는 보는 이의 탄성을 저절로 자아낸다. 자연과 사찰이 공존하는 조화의 미를 도심에서 볼 수 있다. 교토인(京都人)들은 정녕 종교와 자연의 애호가였다.

오노타키폭포에서는 기요미즈(清水)가 세 방향에서 떨어진다. 왼쪽의 폭포수는 지혜·중간은 사랑·오른쪽은 장수의 의미를 부여해 관광객의 관심을 끄는 묘한 발상이다. 사찰 전체에 걸쳐서 못이 하나도 쓰이지 않았고 나무로만 건축된 신비의 사찰이다. 다시금 일본의 장인정신을 확인하게 된다. 더 놀라운게 있다. 하루 십만명이 다녀가도 쓰레기 하나 보이지 않는다. 작은 습관이 전통이 되고 민족성이 형성되는 것이다.

자연과의 조화, 교토의 불교 사찰 청수사(清水寺)는 일본의 전통신앙 신도(神道)와 신사참배(神社參拜)의 의미를 한국인 여행자에게 던지며, 오늘도 수많은 관광객에게 교토의 역사 문화 향기를 내뿜고 있다.

칼과 예술, 금각사(金閣寺)

교토(京都)에서 관광객에게 가장 인기가 높은 명소 3 개소가 있다. 도쿠가와 막부의 권력과 힘의 상징 니죠(二条)성과 뛰어난 조망의 사찰 청수사(淸水寺), 14세기에 건축된 화려한 금박 치장의 사찰 금각사(金閣寺)를 꼽는다. 세 곳이 모두 유네스코가 지정한 세계문화유산이다.

동아시아 삼국의 전통신앙은 불교와 유교 그리고 토속신앙이 어우러지는 전형적 종교 양상을 보인다. 토속신앙은 중국의 도교(道敎)와 일본의 신도(神道), 한국의 천지신명 사상으로 다른 듯 하나, 실질을 보면 하늘과 땅, 산악, 조상숭배로 내용은 대동소이하다.

근세 일본에서는 집권자인 쇼군들이 불교의 신봉자이며, 불교를 국가운영의 이념이나 시대정신으로 많이 활용되었다. 근세조선이 완고한 유교국가로 일관해 왔다는 점과 대비된다.

원칙과 명분에만 의존하는 유교국가 조선보다는, 변화하는 시대를 수용하고 타협하는 정신만은 친(親) 불교국가 일본이 앞섰다고 할 수 있다. 종교적 성향이 19세기 말 일본과 조선의 근대화 과정에 어떤 영향을 미쳤는지 매우 궁금하다.

금각사 불교문화, 유네스코 세계유산의 인정

아시카가 가문의 칼과 예술정신.

입장티켓의 활용은 일본인의 실용적 사고방식의 전형이다.

14C 무로마치(室町)시대의 제 3대 쇼군 아시카가 요시미쓰(義滿, 1358~1408년)가 1397년에 지은 별장이 금각사(金閣寺 킨카쿠지)이다. 이어서 건축된 은각사(銀閣寺 긴카쿠지)도 쇼군의 별장으로 건축했다가 사찰로 바뀐 점에서 금각사와 동일하다.

조부가 창조한 금각사, 손자가 건축한 은각사!

아시카가(足利) 가문에는 칼과 예술의 기질이 면면히 스며 있었다.

금각사는 입장권이 부적(符籍) 형식의 입장권을 사용하며, "교토 북산(京都 北山) 녹원선사(鹿苑禪寺) 금각사리전(金閣舍利殿) 복수여의(福壽如意)"라는 내용이 기재되어 있다. 이 한 장에 금각사의 역사가 요약되어 있다. 수많은 방문객이 이 부적 입장권을 들고 불전에 공손히 절하는 모습도 인상적이다. 교복

을 입은 중고생들이 특히 많은 것에서 국민관광
지임을 실감케한다.

금각사 사찰을 건축한 요시미쓰(足利義滿,
1358~1408년) 쇼군은 난세의 정치를 안정시
키고 막부의 권한을 완전히 회복시키는 과
단성 있는 쇼군이었다. 그러나 대외적으로는
중국 명나라에 왕의 책봉과 무역을 요청한 사
대주의자로 평가받는 인물이다.

당시 동아시아 질서를 볼 때 패권국 중국 명(明)
나라와 다투어 국가가 온전할 나라가 어디 있었겠는
가? 마키아벨리의 군주론을 들먹일 것도 없이 국가지도자는 당연히 두 얼굴
의 정책을 가져야 국민은 평안히 생존할 수 있었다.

말년에 요시미쓰는 활동 근거지를 교
토 무로마치에서 북산(北山, 기타야마)의 이
곳 별장으로 옮겼다. 북산(北山)은 정치의
중심지이자 문화의 거점으로 거듭났으며,
이곳을 중심으로 북산(北山) 문화가 꽃 피
게 된다.

복산 문화의 특징은 왕족 중심의 귀족
(貴族) 문화와 사무라이가 주도하는 무가
(武家) 문화를 한 줄기로 통합하고 융합한
것이다.

귀족문화와 무가문화의 융합, 북산(기타야마)문화
를 창조한다.

소설가 미시마 유키오, 노벨 문학상 수상자 가와바타 야스나리의 최후, 할복자살. 일본의 전통인가 정신 질환인가?

문과 무를 겸비하고 시대를 장악한 명장, 그는 죽어서 교토의 북산을 빛내고 있다.

550여 년간 완벽하게 보존되던 화려하며 예술성이 높은 금각사는 1950년 정신질환의 한 승려에 의해 소실된다. 이때의 상황을 상상하며 소설가 미시마 유키오(三島由紀夫 1925-1970)는 '금각사'라는 장편소설을 발표하여 2차대전 패전 후 일본 사회의 니힐리즘과 이상 심리를 다룬다.

동경대 출신의 소설가 미시마 유키오는 일본 고등문관시험에 합격하여 대장성에 근무하던 귀족 출신의 우수한 인물이었다. 출세가 보장된 대장성 관리를 그만두고 작가로서 활약하며 더욱 유명해진다.

그는 1970년 육상자위대 본부에서 '천황의 신격화와 일본군의 부활'을 외치며 할복자살한다. 쇼킹한 이 사건은 일본 지성의 극우 성향과 왜곡된 신국(神國) 의식이 매우 깊게 퍼져 있음을 상징하는 모습이었다.

뒤이어 일본 최초의 노벨문학상 수상자(1968년)인 '설국(雪國)'의 작가 가와바타 야스나리(川端康成)도 제자인 미시마 유키오의 뒤를 따라 1972년 자살하는 세기적 사건을 벌인다. 세계 최고의 지성마저 극단적 선택을 할 만큼 일본의 할복자살 풍조는 선택된 무사들의 자기미화였다.

　힘으로 북산 문화를 일으킨 쇼군 요시미쓰, 무인처럼 할복한 소설가 미시마 유키오! 자살한 노벨상 작가 가와바타 야스나리! 그들 핏속에는 어떤 공통분모가 있는가? 칼과 예술 그리고 신국(神國)의 그림자가 으스스하게 드리워져 있음을 느끼게 된다. 건전한 상식으로 보면, 집단적 정신질환이 의심되는 일본의 극우 성향이다. 이것이 근대 일본을 군국주의로 치닫게 한 것은 아닌가?

　금각사 600년의 역사적 향기 속에 예술가 쇼군과 할복하는 작가를 복잡하게 연상하며, 노을이 지는 사찰을 뒤로하고 우리는 다시 교토역으로 향했다.

금각사의 녹음, 종교와 예술 역사를 상기시킨다.

은각사(銀閣寺),
철학의 길

　　일본 호텔이나 식당에 들어서면 프런트 맞은편에는 항상 대형 꽃꽂이나 예술품이 정성스럽게 장식되어 있다. 일본을 의도적으로 무시하려 해도 이런 문화와 예술적 표현에는 감동이 없을 수없다. 이것은 언제부터 유래한 것인가?

꽃꽂이(生け花 이케바나), 일본의 전통적 생활예술 꽃을 통해 인생을 표현한다.

교토 동산(東山)의 은각사, 아시카가 가문의 예술혼

　　교토(京都)는 나라(奈郞) 시대(710년~794년) 이후 메이지유신(1868년)까지 천백 년 동안 천황이 기거한 일본의 수도였다. 천황과 막부의 쇼군은 권력의 속성상 떨어져 있는 것이 관례이었으나, 두 권력이 동시에 교토에 기거한 시기가 있었다. 이때를 무로마치(室町) 막부(1338년~1573년)라 하며 당시의 역사적 문화적 숨결이 교토 곳곳에 살아 움직인다.

　　교토의 동북쪽 산록에 위치한 사찰 은각사(銀閣寺 긴카쿠지)가 그것이다. 우리에게는 은각사(銀閣寺)로 알려져 있지만, 원래 이름은 동산 자조사 (東山 慈照寺 히가시야마 지쇼지)이다. 무로마치(室町) 막부의 8대 쇼군(將軍) 아시카가 요시마사(足利義政 재위:1443~1473년)가 건축한 사찰이다.

　　쇼군(將軍) 요시마사(足利義政)는 1443년 8살의 어린 나이로 쇼군직을 승계하였다. 집권 초기부터 8살 소년 군주를 대리한 어머니의 수렴청정과 외척과 대신, 유력 지방 영주들의 지속적인 정치개입과 반란으로, 권력에서 소외되며 오랜 권력투쟁에 환멸을 느낀다.

조부의 금각사, 손자의 은각사

계속되는 재난과 내부 반란을 수습하지 못한 채, 1473년 요시마사는 쇼군직을 아들에게 물려주고 자신은 현실로부터 도피하였다. 권력 장악에 실패하고, 내부 반란을 수습하지 못한 무능한 쇼군으로 평가받지만, 문화 예술적으로는 탁월한 공적을 남겼다.

요시마사는 조부인 3대 쇼군 요시미쓰가 기타야마(北山)에 금각사(金閣寺)를 세운 것을 본떠서, 히가시야마(東山)에 별장을 짓고 은거 생활을 한다. 아시카가(足利) 가문에 흐르는 예술적 기질은 요시마사에게 예술가를 육성하고 문화를 번창케 하는 문예 군주로서의 명성을 부여한다.

이 시기에 일본의 다도(茶道), 연가(連歌), 이케바나(生花, 꽃꽂이), 정원(庭園) 등이 번성하였고, 이를 동산(東山 히가시야마)문화라 명명케 된다. 귀족과 무사의 문화를 통합하고 거기에 불교 선종 문화를 융합하면서 근세 일본 문화의 원류가 되었다.

자조사(慈照寺 지쇼지)의 중심적인 건축물은 '은각(銀閣 긴카쿠)관음전'이다. 은각사란 명칭은 금으로 치장된 금각사를 모방하여, 절의 외관을 은으로 덮으려 했던 계획에서 온 것이다. 지금은 검은 지붕이 오히려 소박하며 검소한 멋을 표방한다.

흰모래를 이용한 조경 은사탄(銀沙灘, 긴샤단)과 정원 한쪽에 정성스럽게 쌓

도코노마(실내 공간 높은 곳) 그림족자(掛け軸)와 꽃꽂이, 5백년 생활예술이 살아 움직인다.

한아(閑雅)의 미, 은사탄과 향월대

아올린 모래더미 향월대(向月台, 고게츠다이)는 달빛이 반사되도록 만든 구조물로 '간가(閑雅)'의 미를 보여준다. 권력에서 벗어나 조용한 간소함 속에, 취미 생활만 즐기면서 살아가고자 한 쇼군 요시마사는 진정한 예술인이었다.

한국에서는 정원(庭園)이나 연못을 설치하면 호화주택이나 호화 건물로 몰아붙이는 경향이 있으나, 고급문화의 발전 전승에는 상당한 비용이 투입되

은각사 정원과 도쿄 뉴오타니 호텔의 정원

교토 니조성과 은각사의 자연 이끼 언덕

어야 가능하다는 것을 모르는 소치이다. 메디치가문의 후원이 이태리에서 르네쌍스를 일으킨 것이다. 사회주의와 평등을 너무 강조하면 성냥갑 같은 시멘트 덩어리 문화에서 벗어 날 수 없다.

검소한 일본인이지만 그 들은 정원(庭園)을 특별히 선호하여 궁궐, 사찰, 공원은 물론 호텔 개인주택에도 설치하고 그 호사를 뽐내는 경향이 있다. 일

은각사앞 철학의 길, 평범한 길에 의미를 부여하고 가치를 창출한다. 일본문화와 고급 상업주의가 결합한다.

본에서는 꽃꽂이 정원 연못이 모두 예술 작품으로 대접받으며 대단한 정성을 들인다. 그런 면에서 일본 근대화는 서양을 모방하되 일본의 전통을 지켜냈다.

자연을 체계적으로 옮겨와 중앙에 연못을 배치하고 다실(茶室), 다리, 등롱(灯籠) 등을 배치하여 길을 따라 경치를 감상하는 정원이다. 근대 이후 한국에서 몰래 반출해 나간 불교의 탑과 석등은 최고의 장식물이었다.

이끼가 곱게 덮인 은각사(긴카쿠지), 숲속의 정원은 일본식 정원의 대표적인 예술작품이다. 이 시기 이후 보행하며 즐길 수 있는 회유식(回遊式) 정원이 황궁과 궁궐, 다이묘의 별장 등에 유행하였다.

긴카쿠지 입구에는 '철학의 길(哲学の道 데쓰가쿠노미치)'이라 이름 부쳐진 유명한 산책길이 있다. 은각사 입구부터 난넨지까지 이어지는 약 2km의 산책로이며 깨끗한 시냇물과 벚꽃 각양각색의 나무가 하천 주변을 장식한다.

'교토(京都) 철학'의 창시자인 니시다 기타로(西田幾多郎, 1870~1945)가 일본 옷

철학의 길과 지역의 공존, 유명관광지와 생활터전이 서로 공존하는 상생의 장이된다.

(和服)을 입고 산책하면서 사색을 즐긴 길이다. 교토 도심 속에서 적막한 한가함(閑雅)을 느끼며 일본 근대철학의 행적을 더듬어 볼 수 있는 문화산책의 코스이다.

은각사 정원과 사찰벽면, 단아함의 정수

'철학의 길'을 따라 조용한 찻집과 분위기 있는 레스토랑이 들어서 따근한 차와 커피를 즐길 수 있어 편리하다. 서울 종로의 대학로, 마로니에 나무 사이로 하천이 흘러 파리의 센 강이라 불렀던 1970년대 초 학창시절의 추억이 가물가물 떠오르는 곳이다.

벚꽃이 피는 봄과 단풍철에는 수많은 관광객이 몰려든다. 긴카쿠지(銀閣寺)와 연결해 답사하면 고요한 주변 마을 풍경과 어울려 근대 일본 도심 속의 한가함을 한껏 맛볼 수 있다. 예술에 탐닉하며 권력을 포기한 쇼군 요시마사로 인해 근세 일본의 새로운 문화예술 '동산문화(東山文化 히가시야마)'가 탄생했다.

쇼군은 이제 권력의 번민에서 벗어나 적막 속에 영원한 꿈을 꾸고 있을 것이다.

예술은 길고 권력은 짧은 것인가!(Art is long, Power is short)

센다이 무사,
태평양으로 떠나다.

일본 동북(東北 도후쿠) 지방의 최대 도시는 미야기(宮城) 현의 현청 소재지 센
다이(仙臺) 시이다. 도후쿠 지방의 행정 경제 문화의 중심지이며, 17C부터 일
본의 3대 번(藩)에 속하는 대 영주의 성이었다. 현대에 이르러 항구 주변에는
공업지대가 조성되어 농, 공, 해양산업이 고르게 발전한 관광도시이다.

1613년 10월 23일, 센다이의 작은 어항 월포(月浦)에서 놀라운 일이 벌어진다. 길이 50M의 갈레온 (Galeón) 범선에 180여 명의 일본인 선원과 사무라이가 몸을 싣고 태평양으로 출발한 것이다.

배가 떠나는 광경을 언덕에서 바라보며 흐뭇하게 미소 짓고 있는 외눈박이 사내는 센다이 번의 영주 다테 마사무네(伊達政宗 1567-1636)였다.

이 배의 선장 겸 인솔단장으로 하급무사 출신 하세쿠라 쓰네나가(支倉常長 1571-1622)가 선발되었고, 스페인 선교사 루이스 소테로(Louis Sotelo 1574-1624)가 안내인으로 동행하고 있었다

센다이 번주 다테 무사무네는 전쟁뿐만 아니라 영지 경영에도 능력 있는 동북지방의 최고 명장이었다. 야심가인 그는 에도 중앙정부의 허가를 받아 기독교 포교, 스페인과의 교역과 외교관계를 모색하기 위해 유럽 사절단을 직접 파견하기로 결정하고 주도면밀하게 준비해 왔다.

스페인 식 갈레온 대형 범선 '산 후안 바우타스타'호를 만들고, 항해술에 익숙한 선원을 구한다. 때 마침 센다이로 표류해온 선박에 타고 있던 마닐라의 스페인 총독 측이 전폭적으로 협조한다. 이 시기를 일본에서는 경장시기(慶長時期)라 하여 이 사절단의 이름을 '경장견구사절(慶長遣歐使節)'이라한다.

항행코스는 구로시오 해류를 타고 북 태평양에서 하와이를 경유하여 멕시코 서쪽의 항구 아카

콜럼버스가 서인도제도 탐험시 사용한 배, 산타마리아호

풀코(Acapulco)로 향하는 것이다. 동양인 최초로 태평양을 횡단하는 항해다.

이들 유럽 사절단을 태운 갈레온 배는 태평양의 강한 파도와 싸우며 무려 8천 여Km를 항해하여 멕시코의 아카풀코(Acapulco) 항에 3개월 만에 도착한다.

멕시코 유카탄반도를 육로로 건너 대서양에 접한 항구 베라크루즈로 이동한다. 베라쿠루즈항에서 스페인 함대의 갈레온 범선을 갈아 타고 쿠바의 아바나 항에 도착한 것은 1614년 여름이었다.

1개월을 휴식한 후 대서양을 횡단하여 스페인의 서남쪽 유명한 무역항 세비아(Sevilla) 항구에 도착한다. 12월에는 마드리드에서 스페인 국왕을 알현하며, 수교와 교역을 요구하나 기독교 탄압과 특사 자격문제로 실패한다. 마드리드에서 8개월을 머문 후 다시 지중해로 나와 범선으로 로마로 출발한다.

드디어 1615년11월에 로마교황 바오로 5세(재위1605~1621) 를 만나 영주 무사무네의 서신을 전달한다. 센다이를 출발한지 무려 2년 1개월 만에 로마에 도착한 것이다.

이 항해를 구상하고 후원한 센다이 번주 다테 무사무네는 쇼군 도쿠가와 이에야스에 못지않은 일본 3대 가문에 속하는 웅번이었다. 그는 스페인 선교사들을 통해 서유럽의 정세를 파악하고 센다이를 스페인의 식민지 멕시코와 교역하는 세계적인 무역항으로 발전시키겠다는 구상을 한 것이다.

빈번한 서양인과의 접촉에서 싹튼 개화사상이다. 당시의 사무라이에게는 상상하기 어려운, 시대를 초월하는 대담하며 개혁적인 사고였다.

동시에 이 구상은 대항해시대를 맞은 스페인의 세계전략과 맞아떨어진 것이다.

스페인의 이사벨라 여왕은 1492년 이탈리아 탐험가 콜럼버스(Christopher Columbus)를 서인도로 항해하는 계획을 후원하여 대서양을 횡단하는 성공을 이루었다.

뒤를 이은 카를로스 국왕도 포르투갈 출신 항해사 마젤란(Ferdinand Magellan)을 후원한다. 마젤란은 대서양과 남미를 돌아 태평양을 일주하고 아프리카 희망봉으로 세계 일주 항해를 1521년 성공시킨다. 드디어 인류는 "지구가 둥글다"는 것을 증명했다.

돈과 명예를 얻으려는 모험적 탐험가들과, 식민지와 무역의 이권을 노리는 유럽황제들과의 합작품이 대항해시대를 연 것이다. 근대판 투기적 벤처사업이 대성공을 한 것이다.

세계 일주 항해의 성공을 바탕으로 북미는 물론 멕시코 페루를

쓰네나가가 도착한 스페인 무역항 세비아 항구

탐험가 콜럼버스와 마젤란, 마르코 폴로의 동방견문록에서 도전 의지를 배워 대항해시대를 여는 개척자가 된다.

고베 메리켄 해변공원의 선박 형상 심볼, 태평양 도전 상징 도전은 1860년 가쓰 가이슈에 의해 실행된다.

식민지로 획득한 스페인은 1531년에는 필리핀까지 확보하며 세계 최강국이 된다.

아시아와의 교역을 위해 1565년에는 스페인- 멕시코- 필리핀을 연결하는 대서양 -태평양 무역 루트가 개척된다. 이 항로는 아프리카를 통해 아시아로 가는 포르투갈의 항로보다 안전하고 빨랐다. 멕시코 동쪽 베라크루즈(Vera Cruz)항은 대서양의 관문이 되며, 서쪽 아카풀코(Acapulco)항은 태평양으로 진출하는 기지로 건설된다.

아카풀코에서 필리핀 마닐라 간 정기 무역선(Galeón)을 취항시킨다. 이를 마닐라 루트라 하고 배의 이름을 마닐라 갈레온(Manila galleon) 또는 아카풀코 갈레온(Galeón de Acapulco)이라 한다. 항만을 지키는 스페인군의 요새 산디에고(San Diego Fort)가 설치되고 선단을 보호하는 군함이 배치된다. 이를 일컬어 대양해군(Ocean Navy)이라 하며 그 모체는 스페인의 무적함대(아르마다 Armada)였다.

교역 재화는 중국과 동남아에서 생산된 향신료, 도자기, 상아, 칠기류, 비단 등의 생활용품이었고, 이를 유럽에 팔아 엄청난 중계 무역의 이익을 스페인 세비야 상인들이 획득하고 있었다.

스페인의 세계전략과 무역 루트를 공유하며, 기독교 세력과의 긴밀한 국제 협력이 이 항해의 성공 요인이었다.

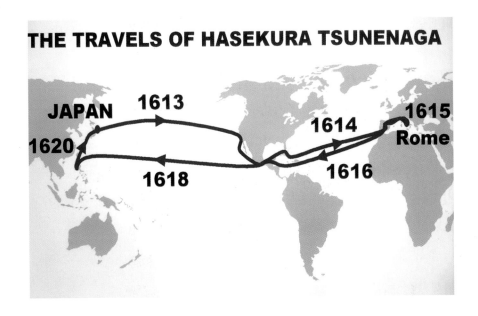

THE TRAVELS OF HASEKURA TSUNENAGA

로마교황 바오로 5세를 만나 기독교 포교의 자유를 약속하고 무역거래를 하자는 문서를 전달한다. 교황은 사절단장 하세쿠라 쓰네나가(支倉常長)에게 로마 시민증을 수교하고 교황의 초상화와 단장의 초상화를 그려 선물로 준다.

스페인 세비아로 돌아온 사절단은 귀향 시기를 기다리는 동안 몇 명의 현지 이탈자가 생겼다. 실제로 세비아 근처의 코레아 델 리오(Corea del Rio)라는 지역에는 일본을 뜻하는 '하폰(Japon)' 등을 성(姓)으로 하는 사람 약 700명이 거주하고 있다. 이 항해에 참여한 일본인들의 후예로 추정하고 있다.

귀환은 역코스로 이루어졌다. 스페인 세비야 항구에서 멕시코 아카풀코에 도착한 후 출발시와는 달리 남태평양 항로를 탄다. 남태평양의 타이티, 사모

아제도, 솔로몬제도, 괌 등 을 거쳐 마닐라에 도착하고 일본 센다이로 귀환했다. 출발한지 7년이 지난 1620년 이다.

센다이 영주 다테무네의 세계를 향한 야망, 하급무사 쓰네나가의 도전과 열정이 17C 초반에 일본의 대항해시대를 개척한 것이다.13세기 마르코 폴로의 동방 여행에 버금가는 대장정이다.

귀국해보니 에도막부는 기독교 포교 및 서양과의 교역을 금지시키는 쇄국정책으로 전환해 있었다. 오갈 데 없는 대양의 개척자 하세쿠라 쓰네나가는 기독교를 숭배한 죄로 처형당하고 만다.

피어나지 못 한 그들의 꿈은 250여 년이 흘러 메이지 시대 일본 근대화로 다시 솟아난다.

역사는 선각자의 구상대로 항상 굴러가지는 않는다. 만일 이때 일본의 세계교류가 지속되고 조선이 이를 학습했다면 동북아는 어떻게 변했을까?

250여 년이 지난 1860년 가쓰 가이슈(勝海舟)가 증기선으로 태평양을 횡단하고, 1872년에 이와쿠라 사절단이 태평양과 대서양을 건너 근대화 행보를 하며 로마에서 그들 선조의 유적을 접한다.

그로부터 120년이 지난 1992년 고베항에서는 콜럼버스가 서인도제도를 발견한 500주년을 기념하여 태평양과 대서양을 횡단하는 세계 일주 항해를 출발한다.

2005년에는 쿠바의 수도 아바나 공원에 하세쿠라 쓰네나가(支倉常長)의 동상이 센다이의 후손들에 의해 건립된다. 그들의 항해와 도전 기록은 유네스코 세계유산 기록물로 등재되어 스페인과 일본 센다이 시 박물관에 보존되어있다.

17세기 초반 우리 역사는 조선 15대 왕 광해군이 집권하여 임진왜란에 불탄 창덕궁을 복구하고 왕권다툼에 여념이 없을 때였다. 이때 일본은 눈을 돌려 유럽으로 사절단을 보내고, 세계로 진출해 태평양과 대서양을 횡단하는 야심찬 계획을 실천하고 있었다.

하세쿠라 쓰네나가(支倉常長), 그는 센다이 오오사토 마을의 고향에 묻혔다. 마을의 어린이들은 쓰네나가의 노래 "타 오르는 희망을 품고, 우리는 항구를 떠났네!"를 합창하며 아침을 시작한다.

우리는 일본을 왜(倭)나라, 왜인(倭人)이라고 의도적으로 무시하는 경향이 있다.

쿠바 하바나 공원의 쓰네나가 동상, 392년후 2005년에 건립된다. 일본인들의 끈기와 집념은 세계에서 으뜸이다.

과연 우리 역사가 그만큼 웅대하고 도전적인 역사였는지 다시금 반추해 볼 때이다.

태평양 – 시베리아 개척자,
오사카(大阪) 상인

　태평양(太平洋)을 향한 일본인의 집념과 도전은 상상을 추월한다. 일본열도
의 앞 바다 광활한 태평양은 그들의 도전 무대였다. 남태평양으로 향한 그들
의 집념을 보자.

　도쿄에서 남쪽으로 3백 Km 떨어진 이즈(伊豆)제도를 지나면, 1천 Km 떨어
진 태평양 해상에는 30여 개의 화산섬이 있다.

　이 섬들은 행정구역 상 일본 도쿄도(東京都)에 속해 있지만 원래 오세아니아
에 해당하는 열대지방으로 남태평양 원주민이 살던 섬이다. 1593년 일본 어
부 오가사와라(小笠原 貞賴)가 발견한 후 무인도로 있었으나, 1876년 일본인이
이주하며 오가사하라(小笠原諸島)제도라 부르며 일본의 영토가 된 곳이다.

이곳 부섬(父島, 하하지마)은 구한말의 개혁파 김옥균(金玉均)이 1896년 일본에서 2년간 유배를 갔던 섬이기도 했다. 태평양전쟁 당시 미군이 일본 본토 공략을 위해 수많은 생명을 희생하며 성조기(星條旗)를 게양하는 모습으로 유명한 유황도(硫黃島 이오지마)도 이곳에 속한다.

오가사하라(小笠原諸島)제도는 도쿄 다케시바 부두에서 배로 25시간 소요되며, 정기 연락선이 일주일에 한번 왕래하고 항공기, 헬기도 수시로 운항한다. 태평양을 개척해나간 일본인들의 상징이 되는 이 섬에는, 일본 해상자위대(海上自衛隊)가 주둔하고 있어 유사시 남태평양으로 작전할 수있는 전진기지이기도 하다.

이곳에서 다시 900Km 남쪽으로 화산 폭발이 계속되며 확대되는 섬, 니시노지마(西之島)가 있으니, 일본은 아시아에 속한 태평양 바다를 거의 다 차지한 셈이다. 중국으로서는 남지나해 이외에는 태평양으로의 출구가 없어, 주변국과 충돌하며 남지나나해에 인공 섬을 만들게 되는 것이다. 따져 보면 일본보다 진취적이지 못했고, 근대화에 뒤 쳐졌기 때문에 이런 섬들을 선점당한 것이다.

일본 상인들은 도쿠가와 막부(德川幕府)가 들어서는 16 세기말부터 해외 무역을 본격적으로 확대되기 시작한다.

일본 내의 모든 쌀과 농수산물 도자기 종이 의류 등이 오사카항으로 집결된 후 교토(京都)와 에도(東京)를 비롯한 국내 각지와 해외의 시장으로 팔려나가는 형태다. 도쿠가와 막부가 평화와 번영의 시대를 연 17C 이후 일본의 연근해 어업과 해운업 유통산업이 급속하게 발전한다.

서남쪽으로는 하카다(博多) 나가사키(長崎), 가고시마 항을 출발하여 오키나

오사카 도돈부리의 운하망, 간사이 지방 최고 경제도시 "모든 생산물은 오사카로"

가고시마에서 남쪽으로 향하는 일본, 오키나와 열도를 중국과의 싸움에서 쟁취하다.

와를 거점으로 타이완, 필리핀 마닐라, 베트남 사이공, 싱가포르, 자카르타, 말레이 반도까지 진출한다. 동남아시아에 일본인 집단 거주지와 상권을 확보한 역사는 거의 4백년에 이른다.

북방으로는 동북쪽의 센다이(仙臺), 하고다테(函館) 항구를 기항으로 홋카이도(北海道)를 넘어 사할린(Sakhalin 樺太/가라 후토) 섬과 쿠릴열도 캄차카반도까지 접근한다.

이러한 태평양 교역의 중심에 해당하는 지역이 일본의 경제수도 오사카(大阪)항이며 오사카 상인과 어부들이었다.

그들에게 항해 중 일어난 조난(遭難)과 표류(漂流) 실종(失踪)은 피할 수 없는 바다의 일상이었고, 수많은 서양의 표류인과 선박이 일본 곳곳에 도착하는 것도 기꺼이 수용해야 하는 해양의 운명을 타고났다.

17C 말부터 1850년까지 약 150년간 일본 선박이 북태평양 러시아에 표류

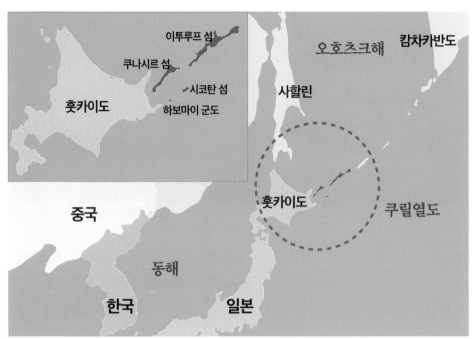

러일간 북방도서 영토분쟁, 미완의 평화

한 경우는 13건으로 모두가 상선 어선이었다.

　이 상선은 일본의 연안을 항해하는 도중에 태풍을 만나거나, 북상하는 구로시오해류에 떠밀려 러시아의 캄차카반도나 알래스카, 하와이 왕국까지 표류하였다. 알려진 표류민 수는 174명이지만 더 많은 사람들이 캄차카반도와 알류샨열도의 러시아로 흘러들어 갔을 것으로 추정된다. 혹독한 자연이 일본인을 세계로 몰아넣은 것이다.

　오사카 출신 상인 덴베(伝兵衛)가 1696년 에도로 항해 중 폭풍을 만나 캄차카반도로 표류한다. 러시아에 억류된 그는 1702년 상트 페데르부르그로 끌려가 러시아 최초의 일본어 교사가 된다. 러시아인들의 남진정책을 위한 어학교육과 러시아의 대일정책에 수립에 참여한다. 16C 중반에 우랄산맥을 넘어 시베리아에 진입한 러시아는 시장 확보와 식량조달을 위해 사할린 섬과 쿠릴 열도를 넘어 일본을 향해 군침을 삼키던 때였다.

오사카의 상인 다이코쿠야 고다유(大黑屋 光太夫 1751년 ~1828년) 일행은 1782년 북태평양으로 표류하여, 1783년에 알래스카의 알류샨 열도에 도착한다. 체포된 그

동방을 향한 야심, 예카테리나는 시베리아를 넘어 북태평양으로 향한다. 여인의 영토욕과 남성지배욕은 러시아를 제국으로 만들었다.

는 시베리아 내륙 이르쿠츠크를 경유하여 1791년 상트페데르 부르그로 이송된다. 영토 확장에 광분하던 러시아 여제(女帝) 예카테리나 2세(1729년~1796년)를 만나 일본 정세를 설파한다.

고다유는 러시아에서 제작 중이던 '세계 지리지'의 '일본 편(編)' 집필에 정보를 제공하기도 하였다. 이때 그린 일본 지도는 현재 독일 괴팅겐 주립 대학 도서관에 소장되어 있다

우여곡절 끝에 고다유 일행은 귀국 허가를 받아 다시 시베리아를 횡단한다. 러시아를 떠난 지 2년 만에 1793년 홋카이도에 도착하였고 일본 측에 인

요시다 쇼인 오쿠보 도시미치등 유신지사들의 선각성, 내부의 개혁과 일본의 나아갈 길을 제시한다.

계된다. 1782년에 난파된 후 11년 만의 파란만장한 귀국이었다.

귀국한 고다유는 에도로 이송되어 막부에 러시아의 정세를 보고한다. 난 학자 가쓰라가 와호슈는 고다유의 전언을 정리하여 '북사문략(北槎聞略)'이라는 저술을 남겼다. 일본은 고다유(光太夫)가 귀환한 18C 말부터 러시아어 통역관을 양성하고, 러시아어 사전을 만들기 시작했다. 메이지유신이 성공하기 75년전 18C 말(末)에 벌어진 일이다,

11년간 알래스카 표류와 시베리아 횡단 과정을 겪은 고다유(光太夫)의 삶은 고난의 대장정이었으나, 일본 지식인들은 유럽의 정세를 파악하고, 러시아에 대한 경각심을 높이며, 북방으로 진출하는 책략을 구상한다.

러시아는 일본과 국교를 맺기 위해 1804년에 알래스카를 관장하는 러시아-아메리카 회사(Russian-American Company)의 대표 니콜라이 레자노프(Никол ай Резанов)를 일본 나가사키(長崎)로 파견한다. 일본 막부가 요청을 거부하자, 러시아는 이에 대한 보복으로 1806~1807년에 사할린과 쿠릴 열도 남단의 일본인 거주 지역을 기습하여 일본군을 살해하고 어민을 포로로 잡아 오호츠크 항으로 연행한다.

일본이 건국 이후 최초로 외국 선박에게 침탈당한 역사적 사건이며, 그 후

북방의 주도권을 둘러싼 러시아의 남진정책과 일본의 북방정책 간 격돌의 시초가 되는 상징적 사건이었다.

수원화성의 성벽, 잃어 버린세월 조선의 군주와 지도층은 무엇을 생각하고 고민했나!

1850년대 부터 활약하는 인물 요시다 쇼인(吉田 松陰), 사이고 다카모리(西鄕 隆盛)와 같은 유신 지사들은 이때부터 북방으로부터의 변화를 감지하고 러시아의 남하정책에 대항하는 준비를 해야 한다고 역설한다.

일본어민이나 상인과 같은 도전자들이 러일 관계의 초기 중개자가 되었다. 본국으로 돌아온 표류민들은 해외 정세를 일본 사회에 전파하는 역할을 수행하였다. 17~18C 섬나라 일본이 쇄국정책을 쓰면서도 세계 사정에 어둡지 않은 연유가 여기에 있었다.

우리 역사에도 표류 서양인이 있었다. 17세기 중반 일본 나가사키로 항해 중 표류한 화란인 벨테브레(朴淵)와 제주도에 표류후 13년 만에 탈출한 하멜(Hendrik Hamel)의 경우이다.

조선 역사는 표류 외국인으로부터 무엇을 배웠을까?

04

격동의 시대

전 경찰청장 이택순의 일본 열도 기행

고베(神戸),
선각자 료마(龍馬)

    일본 중부 간사이(關西)지방 고베(神戸)로 가는 길은 험했다. 인천공항에서 예정보다 2시간 지연된 비행기 편은 일정을 완전히 헝클어 놓게 된다. 저녁 7시 넘어 도착한 간사이(關西)공항은 어둠에 덮여 여행자의 마음을 몹시 무겁게 했다. 어둠이 깔린 이국(異國)의 공항은 지도상 길과 전혀 달랐다.

고베 기타노 초에서 전망한 시가지

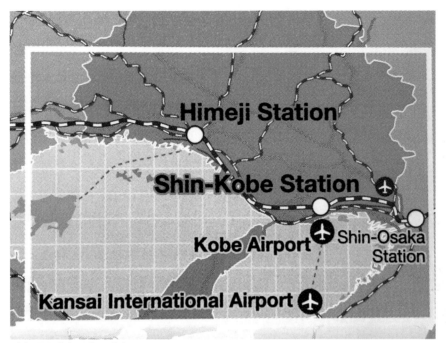

긴키(近畿)지역, 고베-오사카-교토

간사이공항은 일본이 오사카만에 인공섬을 만들어 동북아의 대표공항으로 만들려는 오사카 교토 고베시의 허브공항이었다. 간사이공항에서 페리를 타고 고베항으로 이동하는 것이 시간과 비용 측면에서 어떤 교통 편보다 유리하다. 외국인에게는 50% 할인해주니 공항버스에 비해 요금이 반값 이하다.

고베행 페리를 탑승한 시간부터 비가 내리기 시작하며 일정은 다시 뒤틀린다. 페리로 30분여 검은 바다를 건너 고베항에 도착하니 앞이 보이지 않도록 비가 뿌렸다. 초행 길, 비가 날리는 밤에 도착한 이국의 항구! 여행자에게는

바람과 파도− 격랑과 검은 구름, 바다의 숙명이다.

고베항의 아름다운 전경, 절제된 건축미 완벽한 안전
외래문화의 활발한 교류속에 고베는 성장했다.

최악의 경우다.

원래 계획은 여기서 다시 셔틀을 타고 공항열차를 탑승할 예정이었다. 캐리어 백을 끌고 우산을 받쳐 드니 바삐 갈 생각에 길을 놓쳤다. 동행한 이시우 선생도 다급하기는 매일반이었다. '급할수록 돌아가라'는 말이 정확히 맞는 말이었다.

마치 밀입국을 시도하는 밀항자(密航者)와 같은 심정이 들 정도로 이리저리 뛰어다니나, 칠흑 같은 밤 지하철역은 찾을 수가 없었다. 몇 번의 시행착오 끝에, 결국은 지나가는 택시를 타고 호텔에 도착한 시간은 밤 10시를 훨씬 지났다. 일찍 도착해 하버의 야경을 촬영하는 로맨틱한 계획은 아예 포기하고 젖은 옷을 말리며 그대로 잠에 떨어졌다.

다음 날 아침, 여행자를 맞는 고베항은 깨끗하고 아름다웠다. 여행은 고난을 이겨내고 앞으로 나아가는 도전의 과정이다. 고베(神戸, 신호)는 일본에서 6번째로 큰 도시로 효고(兵庫) 현의 현청 소재지이자 일본을 대표하는 항만

도시로 인구는 약 150만 명이다. 이 도시도 메이지유신(明治維新) 이전에는 작은 어촌에 불과했다.

1868년 무역항으로 개방되면서 외국 영사관이 설치되고 다수의 내외국인이 유입된다. 이후 국제무역의 증가와 산업이 발달하며, 현대에 이르러 공업이 급속히 발전을 이룬 일본 제1의 무역도

료마가 가는 곳에 메이지 유신이 있고, 메이지 유신이 일본 제국을 만든다.

시였다. 1995년 1월 17일의 고베 대지진으로 4천여명의 사망자와 도시가 파괴되는 피해를 입으며 발전에 타격을 받는다.

이 신흥 항구도시에는 메이지유신(明治維新)의 영웅, 사카모도 료마(板本 龍馬)와 일본 해군의 아버지, 가쓰 가이슈(勝海舟)의 흔적이 흥건히 녹아 있다.

메이지 유신을 단순히 "하급무사들의 성공한 혁명"이라고 부를 수 없는 여러 가지 요소가 혼재되어 있다. 이들 이외에도 수많은 지사와 봉건귀족, 학자, 상인, 여성, 심지어 외국인까지 참여한다. 불란서 대혁명과 영국 명예혁명의 두 가지 성격을 갖춘 것이 메이지유신(明治維新)이다. 이 역사적 사건이 성취되는 데에는 광범위한 배경과 인물이 있었다.

메이지 유신 성공의 최고 인물이지만, 무관의 영웅이라 할 수 있는 인물이 도사(土佐) 번(시코쿠 섬 高知 현) 출신 사카모토 료마(板本 龍馬 1835-1867, 33세)라는 검객이다.

그도 역시 하급 무사의 아들이었다. 일찍이 고향 도사 번(高知 현)을 떠나 에

미항 고베의 전경, 최고의 시설과 친절은 쿠루즈 선들의 고정 선착장이 된다.

도(江戶 동경)에서 검술을 익혀 당대 최고의 검객이 되며, 당시 무사들에게 유행하던 애국적 존왕론에 심취한다.

그는 도쿠가와 막부(幕府)의 해군 실력자이며 미국을 일찍이 다녀온 개혁파 가쓰 가이슈(勝海舟, 1823-1899)를 암살하려고 에도에 잠입한다. 그러나 가쓰 가이슈로부터 오히려 설득당해 그의 제자가 되고 개혁 개방의 숭배자가 된다. 신념을 가진 암살자가 암살 대상자로부터 설득 당해, 개혁론자로 변하는 이런 경우는 격동의 일본 근대 정국에서 매우 드문 케이스다. 두 사람 모두 뛰어난 인물이라 할 수밖에 없다.

가쓰 가이슈(勝海舟)라는 인물은 누구인가? 그는 막부의 해군 고위 관료로 1860년에 일본의 외교사절단을 이끌고 미국에 직접 배를 몰고 가는 선구자다. 일본 최초로 태평양 횡단에 성공한 항해술과 외교분야, 일본 해군의 전설이 되는 개혁적 인물이다. 집권 막부 측의 관료이나 유신 지사들과 소통하며 양측의 파국적 충돌을 막고, 에도(도쿄)를 평화적으로 지켜낸 테크노크라트 슬기로운 인물이었다.

가쓰 가이슈(勝海舟)

사카모토 료마는 가쓰 가이슈를 따라 오사카만의 작은 어항 이곳 고베로 활동무대를 옮기게된다. 이곳에서 막부의 해군력 강화를 위한 고베 해군조련소(神戶海軍操練所)를 만들고 책임를 맡으며 내외에 그 이름을 높히게 된다.

후에 사카모토 료마는 활동 무대를 시모노세키, 나가사키로 이동한다. 도쿠가와 막부(幕府)에는 반대하나 서로 앙숙이었던 사쓰마 번(薩摩, 가고시마 현)과 조슈 번(長州, 야마구치현)의 삿조동맹을 성사시켜 막부를 무너뜨리기 위한 토대를 구축한다.

이후 사카모토 료마는 도쿠가와 막부로부터 무력충돌 없이 평화적으로 정권을 천왕에게 양도하는 이른바 대정봉환(大政奉還 1867년)의 명예혁명을 성공시키는 막후 역할을 다한다.

그러나 막부 순찰무사들의 습격으로 그해 겨울 33년의 짧고도 깊은 생을 아쉽게 마감한다.

하지만 역사는 그를 외면하지 않았다. 일본 근대국가론이라는 그의 꿈은 일본 국민으로부터 유신 3걸(維新三傑)을 넘어서며, 일본 역사의 3대 인물(오다 노부나가, 도쿠가와 이에야스, 사카모토 료마)로 존경받으며 화려하게 부활한다

新天地 고베,
이민자의 꿈

영국 아일랜드 태생인 20세의 가난한 청년 에드워드 헌터(Edward Hazlett Hunter)는 1863년 한 가닥 희망을 품고 런던에서 아시아로 가는 범선(帆船)에 외롭게 몸을 싣는다. 대영제국이 개척한 식민지 호주, 인도와 미지의 땅 중국, 일본이 도전하는 그의 꿈을 기다리고 있는 것이다.

야경의 고베항구, 희망의 꿈을 싣고, 항구에 안착한다.

아일랜드 청년 헌터, 고베에 대망의 닻을 내리다. 동양으로 가는 사람, 서양으로 가는 사람. 각자가 꾸고 있는 꿈에 따라 방향을 정한다.

그는 최종 목적지로 일본을 선택하여 요코하마(橫浜)를 거쳐 오사카(大阪)에 도착한다. 이때 그의 나이 25세, 1867년이었다.

일본 국내 사정은 개국파와 양이파, 근왕파와 막부파의 대립과 갈등으로 사회적 불안이 폭발 직전이었다.

각 번의 영주들은 무력을 강화하기 위해 비밀리에 군비를 확충한다. 메이지 유신(明治維新) 전후의 불안한 정정 속에서, 무모하게 동양도전에 나선 영국 청년의 꿈이 성숙될 수 있는 때가 온 것이었다.

그는 오사카에서 개방된 항구 고베(神戸)로 이동한다. 1874년(31세) '헌터 상회'(EH Hunter& CO)를 개업하며 무기 비료 담배 쌀의

헌터, 해양제국의 꿈, 조선산업에 몸을 던지다

항구는 모두의 꿈, 열린 도시 고베.
고베 기타노초 한타 기념관, 인물은 가도 유적은 남는다.

무역에 종사한다. 부(富)를 축적한 헌터는 1881년에 오사카에 오사카 철공소(Osaka Iron Works)를 창업하면서 조선업(造船業)에 진출한다. 이것이 히타치 조선(Hitachi shipping), 헌터 그룹의 시발이다. 가와사키 조선, 미쓰비시 조선과 함께 3대 조선소로 성장하며 일본의 해양세력을 획기적으로 확대하는 역할을 한다.

오사카 여인 아이꼬(愛子)와 일본 최초로 국제결혼하고, 일본식 주택을 지어 고베의 따뜻한 언덕에서 말년을 보내며, 죽어서도 고베 외국인 묘지에 묻힌다. 영국인 헌터는 1867년부터 이렇게 일본의 근대화에 참여하며, 미지의 땅 고베의 꿈을 현실로 만든다.

이 시기는 조선에서 대원군이 쇄국정책을 계속하다가, 유생 최익현의 탄핵에 의해 실각하고 고종이 친정을 시작하려는 때였다. 250년 전부터 서양인이 입국해 상업활동을 하는 일본에 비해, 조선은 1882년에야 미국과 수교를 하고 외국인이 들어오기 시작한다. 시대상황이 왜 이렇게 차이가 나는지 우리

일본판 몽마르트 언덕, 고베 기타노초 중공원(北野町 中公園). 문화와 예술이 역사속에 펼쳐진 곳,

는 경각심을 가지고 반성하지 않을 수 없다.

고베시 북쪽 산기슭 기타노 초(北野町)에 남아 있는 그의 저택은 '한타 기념관(ハンタ記念館)'으로, 외국인 거주지는 아름다운 추억의 서양인 거리, 기타노초 중공원(北野町中公園)으로 변모해 수많은 관광객의 사랑을 받고 있다. 이곳은 일본 몽마르트 언덕이라 부르기도 하며 실제로 파리의 몽마르트 언덕과 자매결연을 한 곳이다.

여기서 남쪽으로 10여 분 걸어서 내려

고베항 메리켄 해변공원의 '이민 개척 기념비',
"고베에서 세계로, 희망의 배를 타고"
1868년 하와이로 떠나는 선각자 이민의 꿈을 표현한다.

몽마르트 언덕 기념비와 계단 광장, 일본문화의
개방성과 수용성, 정성과 감동이 함께 한다.

오면 난킨 초(南京町) 고베 차이나타운이다. 중국인들도 개항 이전부터 무역에 종사하며 중국인 집단 거주 지역을 형성했던 것이다. 나가사키 요코하마와 더불어 일본의 3대 차이나타운이다. 세계 어느 곳에도 중국인은 뿌리를 내리고 생존하는 끈질긴 굴기(屈起)의 민족이다.

헌터가 동방의 꿈을 꾸며 일본에 입국한 시기에, 1868년 초 고베항에서 153명의 일본인이 아메리칸드림을 찾아 하와이로 이민선을 타고 떠난다. 일본 최초의 이민이 고베항을 출발한 것이다. 이후 1869년에 미국 본토로 40명 1899년에 790명이 하와이로 집단 이주한다. 한국의 하와이 이민이 1903년에 시작

된 것을 감안해 보면 약 45년 빠른 것이다.

이렇게 고베항에서 시작된 일본 이민 역사는, 1899년에 페루로 790명이 해외이주를 하고, 1908년에 7백여 명이 브라질 이민을 떠난다. 남미대륙으로 간 선각자의 길, 그 힘이 100년이 경과한 1990년 대에, 페루에서 일본계 페루인 후지모리 대통령 부녀를 배출하는 놀라운 역사를 창출한다.

일본의 개방화 국제화는 16세기 나가사키(長崎)의 개방에서 씨를 뿌리고, 고베(新戶)의 개항으로 잎이 자란다. "로마는 하루아침에 이루어진 것이 아니듯 (Rome was not built in a day)" 일본의 근대화는 긴 시간의 역사 속에 성장을

이국적 서양문화가 고베기타노초공원에 부활한다. 역사성과 상업주의가 절묘하게 조화되었다.

고베항의 근대식 등대. 해양의 수호신 바다의
신호등 옛 것을 수리해 새 것으로 만드는 지혜,
일본인의 특수한 DNA 이다.

한 것이었다.

서양인 헌터는 미지의 세계 동양에 도전하고, 동양인 후지모리는 보다 나은 삶을 찾아 신세계를 찾아 떠나는 지구촌의 대이동은 언제부터 시작된 것일까? 고베 메리켄 해양공원에는 특별한 기념탑이 보인다. 1992년, 콜럼버스가 1492년 미국으로 향하여 서인도제도를 발견한지 500주년이 되는 해에 설립한 기념탑이다.

콜럼버스가 타고 항해하던 산타마리아 (Santa-Maria) 호와 같은 크기와 성능으로 일본에서 제작하고 1992년 세계 일주 탐험에 나선 것이다. 일본에서도 모험심이 가장 큰 고베 항구만이 가능한 일이었다. 일본 국내를 순항한 후 태평양을 횡단하여 대서양으로 간다. 여기서 콜럼버스가 항해했던 코스를 답사하며 스페인 바르셀로나에서 세계 일주 항해를 마치는 것이다.

굳이 왜 일본 고베시에서 이런 시도를 했을까? 고베시의 슬로건이 "고베에서 세계로 / 神戸から 世界へ"이다. 도전의 이슈를 끊임없이 만들어 내며, 미래를 대비하는 것이었

다. 이러한 힘이 일본에서 노벨상 수상자 24명을 배출한 원동력이다. 21C 들어서는 과학 분야에서 집중 수상을 한다. 기본이 중시되는 일본 사회다.

메리켄 공원의 앵커, 해양으로 향하는 고베의 상징

"우리가 일본을 배워야 하는 이유 중의 하나이다."

메리겐 해양공원에는 거대한 앵커가 자리 잡고 있다. 이 철골이 뜻하는 바는 무엇일까? "앵커를 내리는 곳, 그곳이 내 고향이다(男兒處所 是故鄕)"

프런티어 정신의 고베(神戶)는 꿈(夢)과 사랑(愛), 그리고 정(絆/情)의 도시였다.

반 외세의 종언,
격동의 반 체제

    최고의 관광지 교토를 가거나, 지방 소도시 가고시마를 방문해도 일본인의 친절함은 차이가 없다. 일본인의 외국인에 대한 이러한 친절함은 세계적으로 정평이 나 있다. 오랜 교육과 습관, 세련된 상업주의에서 우러난 친절함은 그 속을 모를 정도로 누구에게나 언제나 친절하다.

    언제부터 이러한 외국 친화주의가 일본에 정착되었을까?

일본도 근대화를 추진하던 20세기 초까지, 서양 열강에게는 비굴할 정도로 예의 바르고 친절하고, 동양 각국을 깔보는 이중적 태도가 배여있었다.

하기에서 생산된 대포, 반외세의 상징이었다.
시모노세키해협에 설치하고 외국함정을 포격한다.

일본은 1854년 미국 페리 함대에 의해 강제 개방된 이후 1865년 까지는, 지방의 무사들을 중심으로 서양을 침략세력으로 보며 철저히 경계한다. 어느 나라보다 강력하게 서양 배척운동(攘夷)이 전국적으로 전개된 역사가 있다.

에도(도쿄)와 요코하마, 시모노세키에서 개방정책을 강행하는 막부 관리를 암살하고, 외교관과 공사관을 습격하며, 외국인을 칼로 베고, 서양 함대의 통행을 막고 포격을 하는 격렬한 양상이었다.

1865년을 기점으로 반 외세 투쟁은 서구 문명의 적극적 수용과 서양 배우기로 변화된다. 일본 최고의 지성 후쿠자와 유키치는 심지어 "근대화는 입구탈아(入歐脫亞, 아시아를 벗어나 유럽이 되는 것)"라고까지 언급하였다. 강경했던 반외세 투쟁이 어떻게 적극적인 개방 수용정책으로 바뀌는가?

1861년 영국공사 러더퍼드 올콕이 나가사키를 순방후 에도(江戶/도쿄)까지 육로로 귀환한다. 이에 반발하는 14명의 미토 번 출신 낭인 무사가 "오랑캐에 의해 신국(神國) 일본이 더럽혀졌다"라며 2차에 걸쳐 에도의 영국 공사관을 습격하는 도젠지(東禅寺) 사건이 발생한다. 배상금과 범인 처벌로 끝났지

전통의 일본무사, 강력한 저항에 직면하는 서양문화　　존왕양이운동의 사상적 배경. 요시다 쇼인

만 영국 군대를 주둔시키게 된다.

　신국(神國) 일본을 주창하다가 외국군의 주둔만 허용하는 꼴이 되었다.

　1862년 요코하마 나마무기(生麥)지역에서 사쓰마 번(藩)의 섭정 시마즈 히사마쓰의 행렬이 귀국 중, 무례하게 말을 타고 가던 영국인 4명을 호위무사들이 칼로 살해하는 나마무기(生麥) 사건이 발생한다. 사후 처리를 둘러싸고 영국 동양 함대가 사쓰마에 포격을 가하며 강력한 응징으로 보복한다.

　동양 관습을 무시하는 서양인의 오만함을 성토하려다가, 영국 함대의 포격으로 사쓰마 번은 엄청난 피해를 입고 서양의 군사력에 굴복한 모양새다.

　1862년 12월에는 조슈 번의 양이 강경파 다카스기 신사쿠, 이토 이토 히로부미가 서양 세력의 척결을 주장하며 시나가와(品川) 고텐야마(御殿山)에 있는 영국 공사관 건설현장에 방화를 저질러 국제사회로 부터 강력한 항의를 받는다. 이토 히로부미도 아직 서양의 힘과 실체를 모르고 반서양 운동에 휩쓸린 것이다. 그는 다음 해 런던으로 밀항한다.

1864년에는 죠슈藩(야마구치현)이 서양 선박의 통행을 막기 위해 간몬해협을 봉쇄한다. 서구 연합국이 보복하여 시모노세키의 포대와 해군을 괴멸시켰음은 이미 시모노세키 답사에서 목격한 바 있었다. 이 두 가지 사건도 결국 조슈 번의 허약함을 드러내고 서양에 항복하는 모양새가 되었다.

사쓰마 번 비밀 유학생 8명 파견

일련의 극단적인 반 서양 운동이 모두 실패로 끝나면서, 일본의 허약함과 서양의 군사력에 저항할 수 없음을 깨우친다. 서양의 강력한 힘에 굴복한 것이다.

여기에 난 학파, 서양 시찰단, 구미유학파를 중심으로 서양의 산업혁명과 선진기술을 배워야 한다는 개혁 개방론이 힘을 얻고, 친 서양 근대화운동으로 급속히 전환하는 계기가 조성된다.

반면 권위가 추락하는 막부 정권에 대하여는 공개적으로 타도하며(倒幕 운동), 천왕을 옹립하려는(尊王 운동) 강력한 체제 전복 투쟁으로 발전된다.

조슈 번을 필두로 반막부세력을 형성하며, 주 공격 대상을 막부로 바꾼 것이다. 가장 강력한 군사력을 확보하고 있는 사쓰마 번의 참여만 남기게 된다.

이 기로에서 도사 번 출신 무사 사카모토 로마(板本 龍馬)가 사쓰마의 지도자 사이고 다카모리(西鄕隆盛)와 조슈의 지도자 기도 다카요시(木戶 孝允)를 중재한

것이다.

　막부를 붕괴시키는 대열에 사쓰마 번을 동참시킴으로서, 1866년 삿조(薩長) 동맹이 성사되고 혁명이 가능해진 것이다. 이 역사적 중재가 이루어진 곳이 교토(京都) 이었다.

　조선도 비슷한 시기에 병인양요(1866년)와 신미양요(1871년)로 프랑스 미국 과와 갈등을 겪으면서 오히려 반 외세 쇄국정책이 더 굳어 진다. 집권세력인 대원군과 그 일파들은 서양의 힘과 산업혁명에 눈을 뜨지못하고, 오로지 정권유지와 청나라에만 의존하고 있었던 것이다.

　10년뒤 1876년 일본에 의해 강제 개방될때 까지 문을 걸어닫고, 1882년이 되어서야 그것도 청나라의 중재로 미국과 수교하는 폐쇄성을 보임으로써 조선의 근대화 작업은 일본과는 전혀 다른 양상을 보인다.

고메이 천황,
죽음의 그림자!

우리가 머물던 고베(神戸)의 산노미야역에서 교토(京都)까지는 약 70Km, 오사
카(大阪)를 거쳐 JR 신쾌속열차로 1시간 정도 소요된다. 이 세지역을 합쳐 긴
기(近畿 수도권)라 하며 도쿄에 버금가는 경제력을 자랑한다.

　일본 최고의 관광 고도(古都), 교토역은 최신의 역사시설에 각양각색의 관
광객과 여행객으로 활화산 같은 활기를 내뿜고 있었다.

우리는 19C 중반 천황(天皇)과 도쿠가와 막부(幕府)의 관계를 보여주는 교토 고쇼(京都 御所) 황궁과 니조성(二條城)을 답사하기로 했다. 줄기차게 쫓아다니는 봄비가 오락가락 이방인의 갈 길을 막았지만, 우리는 지하철을 타고 니조성을 찾아 나섰다.

　19세기 중반까지 일본에는 천황(天皇)과 막부(幕府)의 두 권력이 존재해 왔다. 천황(天皇)은 종교적 상징적 권력이라면, 도쿠가와 막부(德川幕府)는 실질적 군사적 지배자였다. 외교적으로도 주변 국가에서는 천황의 존재를 몰랐을 뿐 아니라, 막부의 교체를 실질적인 일본 권력의 교체로 알았을 뿐이다.

　조선통신사도 막부의 쇼군만을 실질적 통치자로 상대하고, 에도(えど, 江戸)로 행차했으며 교토의 천왕을 알현했다는 기록은 찾아볼 수 없다.

　일본이 국가로 탄생한 이래, 국가의 상징으로서 지위를 계속 유지해온 것

세계문화유산 교토 니조궁, 막부 실권자 쇼군의 힘

살아있는 권력에 힘이 집중되었다.

은 천황이다.

우리 한국인은 잘 믿지 않지만 "진무 천황(神武天皇)이래 하나의 혈통으로 125대를 이어 나와(萬世一系), 현재 아키히토 천황에 이르고 있다"라고 일본 역사는 기술한다. 천황은 헤이안 시대(平安 794~1185년)이래 교토(京都)에 위치하며, 천년 이상 수도 교토를 지켜왔다.

천황에게 신통력이 있다고 일본 사람들은 믿어왔다. 그래서 천황에게 저항하는 것은 절대 금물

교토 황궁, 상징적 권력 천황이 유폐된 곳이다

이었다. 천황을 신격화(神格化) 하고, 신사(神社)에서 제사드리는 것에는 천왕에 대한 숭배가 포함되어 있다. 천황의 인정을 받은 세력만이 정통성이 있는 권력이었다. 그리고 일본 역사에서 조정(朝廷)이라 함은 "천황의 신하와 그 기관"을 말하는 것이다.

이것은 막부 말기, 천황의 깃발을 들고 나타난 반란군이 막부 정부군을 정신적으로 압도하는 현상을 가져온다.

"천황은 지배하지 않는다. 단지 숭배의 대상일 뿐이다."

권력은 전쟁을 거쳐 승리한 자, 무사의 몫이었다. 가마쿠라(鎌倉幕府 1172-1333), 무로 마치(室町幕府 1336-1573) 막부로 이어진 권력은 쇼군(將軍/ 征夷大將軍)을 정점으로 행사되고, 교토의 천황은 쇼군의 눈치만을 보는 처지라 해도 과언은 아니었다.

교토의 두 궁궐, 천황의 황궁 교토고쇼(京都御所)와 쇼군의 성 니조성(二條城)을 비교해 봐도 확연히 알 수 있다. 고쇼(京都御所) 황궁은 무로마치 막부에서

평온한 주거지 황궁, 전쟁의 요새 니조궁

부터 1869년에 도쿄로 천도한 약 550년간 천황이 기거하며 공무를 보던 곳
이다. 황궁이라 하지만 크기만 방대할 뿐 적들의 공격에 대비한 방책과 시설
이 매우 허술하다.

그에 비해 도쿠가와 이에야스의 교토 방문 시 거처로 축조된 니조(二條城)
성은 호화로운 성이라기보다는 전쟁에 대비한 요새에 가까웠으며, 쇼군의
군 지휘소 역할을 했다. 니조성은 해자가 2중 3중으로 설치되고 성벽의 높이
가 매우 높다. 성안에 전투지휘소가 있으며 숙소에도 신변을 보호할 군대가
상주하고 있었다.

건물 내부에도 적의 침입을 사전에 알 수 있는 삐걱거리는 나무 복도를 설
치하고 미로처럼 연결한다. 여기에 동원된 병력들은 모두 신임이 깊은 후다
이 다이묘 중에서 선발된다. 화재로 소실된 니조성은 19세기에 복원된 건물
이지만, 유네스코 문화유산으로 지정되어 세계적 보호를 받고 있다.

쇼군의 위엄과 권위, 실전과 경계. 해자를 만들고 방어책을 수립, 공성전의 개념으로 지어진다.

오사카의 천수각, 천하를 장악한 토요토미 히데요시의 상징
간사이(關西) 세력이 천하를 지배하는 모습.

도요토미 히데요시(豊臣秀吉)는 경쟁자 이에야스를 경계하여, 멀리 간토(關東)의 작은 성 에도 성(江戶 도쿄)으로 격리시킨다. 그러나 1600년 도쿠가와 이에야스(德川家康)는 세키가하라[関ヶ原] 전투에서 승리하며 일본 전국을 통일한다. 그 허름한 에도(江戶)성이 이에야스가 권력을 장악하며 실질적 수도로 권력 심장이 되는 것이다. 서쪽(關西) 오사카를 중심으로 하는 도요토미 히데요시의 서 일본 세력은 종말을 고하고, 동쪽(關東) 새로운 성 에도(江戶)를 중심으로 한 도쿠가와 정권이 260여 년간 집권하게 된 것이다.

권력의 속성을 누구보다 잘 아는 도쿠가와 이에야스였다. 어떤 세력도 도

도쿠가와의 간토우(關東) 세력, 반란을 막기위해 원거리에 도자마 다이묘(外樣大名)를 배치하여 집중 감시한다.

쿠가와 막부에 도전할 수 없도록 충성심이 높은 심복들을 에도(江戶)와 교토(京都) 근교의 다이묘(大名/ 번의 영주)로 배치하고 요직에 발탁하였다. 이들이 후다이 다이묘(譜代大名)로 메이지유신 때까지 유지되며. 소외된 다이묘들은 불만의 근원이 되는 것이다.

토요토미 히데요시의 계열로 반역의 가능성이 높은 자는 규슈의 사쓰마(薩摩 가고시마현)와 히젠(肥前 사가현), 혼슈(本州)의 서쪽 끝 조슈(長州 야마구치현), 시코쿠 섬 고립지역 도사(土佐 고치현)와 같은 원거리의 영주로 봉했다. 반란이 있더라도 교토나 에도에 접근을 못하게 하는 것이다. 이들이 도자마 다이묘(外樣大名)로 메이지 혁명의 주력이 된다.

다이묘들의 정실부인과 장남을 에도에 거주하게 하여 인질로 삼는다. 다이묘들도 1년씩 교대로 에도(江戶)와 자기 영지에 살도록 하는 철저한 감시책(참근교대 參勤交代)을 시행하였다. 이로 인해 각 번은 이중 살림의 경제적 부담과 각종 부역으로 저항의 힘을 키우는 것이 거의 불가능했다.

고메이(孝明)천황, 격변기에 왕권과 막부의 권력 사이에서 줄타기를 하며, 메이지 시대로 넘어간다.

종교적 권위의 천왕(天皇)과, 정치 군사적 권력 막부(幕府)의 관계에서 막부가 절대 우위에 선 상호 균형이 깨진 시기가 1860년대 메이지유신의 전야였다. 섬나라 지형적 특성상 일본은 2차대전까지 외세의 침략이나 지배를 받아본 적이 없다. 도쿠가와막부는 평화와 번영의 250여 년 치적을 이루며, 조선 중국 그리고 네덜란드 이외의 국가에는 문을 걸어 잠갔다.

이 쇄국정책은 1854년 미국의 페리 함대의 내항으로 무너진다. 막부는 불가피하게 개국을 결정하고 사안의 중요성을 감안해 천황과 각 번주의 의견을 묻는다.

교토의 고메이천황(孝明天皇)은 미일 통상관계의 허락 여부(允許)를 상신 받는데 여기에서부터 국론은 분열된다. 지금까지 허수아비였던 고메이 천왕이 막부 반대파와 연계해 개국 반대론을 펼친다. 막부로서는 전혀 예상치 못한 저항이었다. 동시에 오랫동안 권력에서 소외된 도자마 다이묘들이 천황을 앞세우고 개국을 반대한다. 그들은 하급무사 출신의 혁명 지사를 지원하고 도쿠가와 막부의 전복을 시도하는 강력한 반란세력이 된다. 일본 역사에 전례 없는 사건에서 고메이 천황도 강온책 사이에서 좌고우면하며 그 권위를 잃는다.

개국을 둘러싸고 고메이 천왕과 도쿠가와 막부의 대립, 막부 옹호세력 (佐

전쟁의 요새, 니조성해자. 권력은 투쟁에서 쟁취된다.

幕) 과 막부전복세력(討幕), 존왕 세력(勤王) 과 서양반대세력(攘夷), 서양 각국이 개입하여 싸우며 혼란이 계속된다. 이 와중에 정치에 깊이 개입한 고메이 천왕이 1867년 갑자기 사망하는 비극을 맞는다. 막부 측의 독극물 암살이라는 설이 유력하다.

그의 둘째 아들 사치노미야 무츠히토(祐宮 睦仁)가 15세에 천황 자리를 이어받고 연호를 메이지(明治)라 칭한다. 어린 나이인지라 정국 장악 능력도 없고 경험도 미천하였다. 결국 메이지 유신의 주도세력인 사쓰마(가고시마)와 조슈(야마구치)의 무사 출신들에 의해 일본제국의 틀이 짜여간다. 현실 정치에 참여하며 권위를 돼 찾으려는 고메이 천황, 죽음의 그림자가 그를 기다리고 있었다. 신성한 권력은 칼의 향연에서 구경꾼에 머물러야 하는가?

고쇼 황궁과 니조성 두 궁궐은 소용돌이의 역사를 아는 듯 모르는 듯, 고색창연한 위용을 뽐낸다. 교토는 퍼붓는 봄 빗속에 이국의 손님을 반갑게 맞이한다.

펜(Pen)의 혁명,
후쿠자와 유키치

일본의 고액권 1만엔 권 화폐의 주인공, 후쿠자와 유키치(福沢諭吉 1835-1901)는 오사카에서 출생한 근대 사상가이다. 그는 일본 역사에서 어떤 역할을 했기에 일본 화폐에서 그 중요한 자리를 차지 한 것일까? 우리는 나가사키 교토 오사카 그리고 도쿄에서 뚜렷이 나타난 그의 족적을 따라가 보기로 했다.

게이오 대학 창설자, 일본의 지성 후쿠자와 유키치

후쿠자와는 1835년 오사카(大阪)에서 하급무사의 아들로 출생하였다. 그의 아버지는 원래 규슈의 나카쓰 번(오이타 현)에서 오사카로 파견 나온 회계 관리였다. 무사로서 유학을 숭상했던 아버지의 사망 후 다시 시골 나카쓰(中津)로 돌아가며 큰 충격을 받는다.

경제 중심지 오사카의 자유분방했던 시절과 비교하며, 나카쓰(中津) 지방의 환경 여건과 교육, 봉건적 신분제도에 강한 불만과 의문을 가진다.

19세 되던 해 1854년, 개방 항구 나가사키(長崎) 친척의 집으로 거소를 이동해 간다. 최신의 서양학문인 난학(蘭學)을 접하고 의학 등의 자연과학에 관심을 가지게 된다.

나가사키와 오사카에서 우리가 접한 근대 일본은, 그가 자연스럽게 봉건주의 타파와 서구적 근대사상에 몰입할 수밖에 없는 상황임을 알 수 있었다. 다시 오사카로 이주해 난학(蘭學)을 심층 연구하고 1858년 에도(江戶/도쿄)로 옮겨 간다. 이 시기는 에도 막부가 미국과 수호 통상조약을 체결(1858년) 하고 대외 개방이 이루어는 시기이며, 이에 반대하는 양이(攘夷) 운동도 본격화하는 대혼란의 시작기였다.

후쿠자와는 1859년 요코하마(橫浜)에서 오란다(화란) 어가 아닌 영어와 미국의 서양문화를 접하며 새로운 충격에 빠진다. 세계의 공용어는 화란어가 아니라 영어라는 사실을 알게 된 것이다.

요행이도 그는 1860년 가쓰 가이슈(勝海舟)가 인도하는 수교 사절단 간닌마루(咸臨丸)의 하급 수행원으로 승선하여 샌프란시스코에 도착 미국을 경험하는 천재일우의 기회를 잡게 된다.

이 항해에 말단 시종에 불과한 후쿠자와가 동행했다는 것은 엄청난 행운이

후쿠자와 유키치의 오이타현 생가   오사카의 난학당

며 두고두고 일본 근대화론에 영향을 미치는 사건이었다.

1862년에는 지중해를 거쳐 프랑스 영국 등 유럽 각국을 1년간 시찰하며 세계견문을 익히고, 1867년에는 무기 구입 사절의 통역으로 미국 동부지역을 재차 방문한다. 19C 중반에 벌써 여러 번의 해외 견문으로 그의 정신세계는 일본을 탈피하고 일찍이 글로벌화되는 과정을 겪는다.

당시 일본에는 이렇듯 막부와 영주들의 후원으로 엘리트 지식인들의 서양 유학 연수가 연이어진다. 미국 방문에서 돌아온 그는 에도(도쿄)의 '난학숙(蘭學塾)'을 '영학숙(英學塾)'으로 바꾸며 영어를 가르치기 시작하였다. 영어 학숙이 번창함에 따라 1868년에 새 건물을 마련하고 학교의 이름을 '게이오 의숙(慶應義塾)'라고 정한다. 이것이 현재 일본의 게이오대학(慶應義塾大學)으로 이어지고 있다.

동시대를 살아간 조슈 번의 선각자 요시다 쇼인(吉田松陰 1830~1859)은, 급진 개혁론자로 자신이 직접 투쟁에 나서는 혁명사상가이다. 그도 해외 탈출을 여러 번 시도하지만, 실패하며 고향 조슈 번하기로 돌아온다. 요시다 쇼인도 그토록 바라던 해외 유학을 실행할 수 있었다면, 과격사상이나 행동도 달라질 수 있었을 텐데 아쉬운 일이었다.

1862년 유럽에 파견되는 후쿠자와 유키치 일행

이에 비해 후쿠자와(福沢諭吉)는 1860년에 대미 사절단으로 태평양을 횡단하며, 세계의 광대함과 일본의 협소함을 알게 된다.

귀국 시에 가져온 '웹스터 영어사전'을 번역하여 영일 사전을 만드는 선구자가 된다. 글과 펜의 힘으로 개혁을 도모하는 방식이다.

그는 출생지 오사카, 고향 오이타 현, 성장지 나가사키, 활동 무대 오사카와 도쿄를 전전하며 봉건체제의 모순을 목격하고 근대화의 열망을 키운 것이다. 이어 3차에 걸쳐 유럽 미국 시찰을 통해 서양의 산업혁명 과학기술 군사력을 체득하고 일본의 한계를 절감한다. 1860년대에 일본 전국과 미국과 유럽을 3회나 견문할 수 있었던 학자가 그 이외 누가 더 있었을까!

그가 다녀온 후 그린 서양 풍경, 프랑스 루브르 궁전은 일본인의 탐구심과 기록 습관을 생생히 보여준다. 미국과 유럽에서 경험한 서양의 힘에 경도되며, 봉건시대의 타파와 서구 문명을 도입해야 한다는 확신을 가지게 된다.

그는 시대 변화를 예의 주시하며, 정치의 흐름에 너무 앞서거나 요시다 쇼

유럽 방문시 스케치한 루브르 궁전, 서구문화에 대한 놀라움과 스케치의 정교함이 돋보인다.

인처럼 극한적으로 대항하지 않았다. 메이지 유신(明治維新)이 성공하고 봉건체제인 막부가 무너지는 시기를 숙고하며 시기를 기다리고, 그의 사상과 이론이 시대의 조류를 이끌게 되며 국민적 호응을 받게 된다.

그의 대표작 '학문의 권장' '문명론의 개략' 등은 당대를 대표하는 베스트셀러가 되어 사회적으로 커다란 영향을 끼쳤다. 현장의 투쟁보다는 교육과 잡지 언론을 통해 전 국민을 대상으로 근대화 이론을 전파하며 지속적으로 활동한 것이다.

게이오대학에서는 이를 '실학정신(實學精神)'으로 말하고 있어 다산 정약용 선생(1762년~1836년)의 '실학정신'과는 어떤 연관이 있는지 궁금하다. 그는 한때 조선의 개혁파인 김옥균 박영효 등과 교류하며 성원하기도 했었다. 조선에서 갑신정변(1884년)이 삼일천하(三日天下)로 실패한 것에 매우 낙담을 하며, "청나라와 조선의 낡은 체제를 종식시켜야 한다"라고 주장한다.

그러나 그에게는 '탈아입구론(脫亞入歐論)'이라는 서구 지상주의의 지적 함정이 있었다. 19C 서구의 발전과 힘의 현실에 치우쳐, 아시아는 근본적으로 서양에 비해 낙후될 수밖에 없다는 '아시아적 정체성 이론'에 과도하게 경사된 것이다.

게이오 대학 창설. 학문으로 원대한 혁명을 도모한다.

더 나아가 조선과 중국을 무시하며 붕괴되어야 할 '나쁜 이웃 국가'로 간주하고, 청일전쟁에서 일본이 승승장구하자 여론에 편승해 북경 진격론을 언론에서 주장하는 극우적 행태를 보이기도 한다.

게이오 대학교의 슬로건으로 남아 계승되고 있는 슬로건이다.

"펜은 칼보다 강하다.

(CALAMVS GLADIO FORTIOR/ The Pen is mightier than the Sword)"

문필로 무장한 후쿠자와 유키치(福沢諭吉), 근대국가 형성을 위해 국내외를 넘나들며 왕성하게 활동했던 일본 근대화의 사상적 원동력이었다.

동시에 그 최고 지성마저 극우적 행태를 보일 만큼, 메이지유신 이후 일본은 제국주의적 우월감에 빠져들어 가고 있었음을 우리는 답사를 통해 알 수 있었다.

바람의 검,
신센구미(新選組)

　메이지 유신 150주년을 맞이하는 일본 각지에서는 이를 기념하는 행사가 집중되고 있었다. 대상은 주로 유신삼걸(維新三傑)을 중심으로 승리한 자의 공적을 조명하는 게 대부분이었지만, 특이하게도 이들을 탄압한 구세력 '신센구미(新選組)'의 활동을 조명하는 행사가 빠지지 않고 등장된다.

교토 니조성, 교토조망, 영산역사관의 오쿠보 상. 생동하는 일본근대. 정반합(正坐合)의 역사

新選組之鄉歷史館

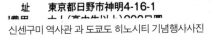

신센구미 역사관 과 도쿄도 히노시티 기념행사사진

　심지어 도쿄도 히노(日野) 시에서는 '최후의 무사, 신센구미의 고향'이라며, 역사관을 운영하고 대대적인 체험행사를 유치하고 있었다. 일본 사회의 다양성과 포용성을 나타내는 것인지, 충성된 무사로서의 우국 충정을 인정하는 것인지 의문 속에 최후의 무사들을 만나게 된다.

　1858년~1868년 메이지 유신 전야, 일본은 권력을 지키려는 자 막부(幕府)와, 권력을 빼앗으려는 자 존왕양이파의 투쟁이 교토와 에도를 중심으로 치열하게 전개된다. 쇼군은 다이묘들의 반란에 항상 대비해야 하고, 다이묘들도 내부 불만세력과의 대결이 치열하였다. 그들 모두는 칼을 찬 무사들이었기에 그 싸움은 생사를 건 투쟁이었다

　사무라이들은 왜 혁명세력으로 나선 것일까?

　일본 사무라이 사회의 가장 주요한 가치는 주군과 집단에 대한 충성(忠誠)이었다. 주군은 정당한 보상(報償)과 은전(恩典)으로 사무라이를 장악하였다. 오랜 기득권에 눌린 최하급 사무라이들은 불평등 사회의 잠재적 불만세력이

곤도 이사미 일본 최고의 검객, 목숨을 걸고 막부를 지키다.

었다.

쇼군도 다이묘도 대군을 이끌고 행차하지 않으면 안전할 수 없었다. 무사들은 불침번을 세워 경계하고, 칼을 품고 자거나 미로의 방에서 퇴로를 확보하고 항상 습격에 대비해야 했다. 양측 모두 정예무사 검술의 명인들로 교토거리와 에도에는 피가 난무하는 위험이 항상 잠복하고 있었다. 명분과 대의도 칼이 없으면 무너지는 힘이 정의인 사회였다.

막부옹호 보수파인 다이로(大老, 수상격) 이이 나오스케(井伊直弼, 1815년 ~ 1860년)는 존왕양이파 1백여 명을 검거하여 처형한다. 이에 맞서 존왕파 무사들은 1년뒤 1860년에 이이 나오스케를 에도성 문 사꾸라다몬에서 습격 암살할 정

Ryouma Sakamoto
(1835-1867)

元治元年（1864）6月2日、坂本龍馬は勝海舟に会うために江戸に向けて京都を出立。土佐勤王党で同志だった望月亀弥太に見送られたというが、その三日後に望月は池田屋で新選組に襲撃されて命を散らす

비극의 이케다야, 근왕파 지사들을 신센구미 요원들이 처단한 현장, 핵심 근왕파 무사들의 실패로 메이지유신은 그 동력이 약화된다.

도로 대담하였다.

도쿠가와 막부는 체제를 수호하는 첨병으로 1863년 교토지역 치안확보를 위해 특별 경찰대 신센구미(新選組)를 조직하고, 곤도 이사미(近藤勇 1834~1868년)라는 일본 최고의 검객을 대장으로 선임한다.

최고의 무사로 조직된 신센구미는 곤도의 지휘하에 '탈퇴는

유행하는 신센구미 복장의 젊은이들, 신센구미의 무사도와 엄정한 조직문화
일본인들의 잇쇼겐메이(一生顯命 목숨을 바쳐 의무를 다함)와 일맥상통 한 것이다.

죽음'이라는 엄한 내부 규율과 '誠' 한 글자로 만든 깃발, 소매 부분에 톱니모양의 무늬를 넣은 독특한 하오리(羽織)로 무장하고 치안에 투입된다.

신센구미는 존왕양이파 무사들을 수사하여 검거하는 조직으로 무시무시

교토 영산기념관, 주변공원 일본 근세의 족적이 묻어난다.

한 명성을 날린다. 1864년 이곳 교토 유흥가 기온(祇園)거리의 북쪽 산조(三条)의 한 주막에서, 비밀회동을 하는 조슈 번 존왕양이파 무사 20여 명을 상대로 싸워 신센구미는 통쾌한 승리를 거둔다. 이 사건이 유명한 이케다야(池田屋) 사건으로 존왕양이 활동은 최대의 고비를 맞는다.

도쿠가와 막부의 위상이 올라가고 메이지 유신은 지체되고 꺾일 위험에 놓인 것이다. 막부의 첨병으로 활동하던 신센구미는 메이지 유신 이후 발생한 보신 전쟁에서는 패배한 막부군으로 참전했다. 이 과정에서 대장 곤도 이사미는 체포되어 처형당한다. 역사는 개인의 능력과 가치관에 관계없이 "어느 편에서 참여했느냐, 전쟁의 승리자가 누구인가"에 따라 그 평가가 갈라진다.

신센구미(新鮮組)는 최고의 무사들로 막부 정부군에 서서 체제를 수호하고 질서를 구축하는데 일익을 했다. 하지만 시대의 흐름은 그들의 편에 있지 않았다. 당시에는 규탄 받던 그들의 행적은 시간이 지나면서 "바람직한 무사의 상, 낭만주의적 충의지사"로 그려진다. 2004년 NHK는 "바람의 검, 신센구미!"라는 제목으로 1년간 대하드라마를 방영해 일본 국민의 심금을 울린다.

신센구미는 무너지는 막부에 마지막까지 충성(忠誠)을 다한 최후의 무사들이었다. 그들의 전통이 일본 경찰에 전해진다.

역사는 다시 그들에게 보상(報償)과 은전(恩典)을 베풀고 있었다.

교토 기온 거리는 그들의 활동 무대였다.

신센구미는 이후 유신 지사를 탄압하는 막부의 전위대 역할을 하고 시대의 흐름에 따라 역사의 뒤 무대로 사라진다. 당대의 검객 곤도 이사미는 유신 이후 보신전쟁까지 존왕파에 저항하다 체포되며 형장의 이슬로 사라진다. 전쟁에서 패배한 지도자를 추종한 응보로 아쉬움을 금할 수 없다.

신센구미의 주인공들은 비극적 종말을 맞았지만, 메이지유신 역사의 방청석에서는 흥미진진한 한편의 드라마이다.

05

제국의 출범

전 경찰청장 이택순의 일본 열도 기행

개방의 파고,
요코하마(横濱)의 흥망

　100년 만의 최고 더위를 피해, 8월 말에 도쿄를 찾았지만 역시 도쿄는 뜨거웠다. 숨 막히는 더위와 습기 속에 개방의 첨단도시 요코하마(横濱)를 찾아 길을 나선다.

　근대철도가 최초로 건설된 도쿄 신바시(新橋)역에서 요코하마 경로로 가려했지만, 구글맵은 신주쿠에서 연결되는 도에이센(東橫線)을 추천한다.

거리는 약 30킬로 시간은 열차나 자동차나 40분 거리이다. 차 창에 스치는 풍경을 바라보며 지나온 도시들을 다시 생각해본다.

교토(京都) 오사카(大阪) 도쿄(東京 에도)는 일본 근대화의 중심에 있는 최고의 도시다. 그러나 메이지유신(明治維新)을 유심히 살펴보면, 몇몇의 지방 도시가 그 못지않게 주역임을 알 수 있다. 교토 오사카 도쿄가 근대화의 중심 무대(舞臺)라 한다면, 지방의 몇 도시는 근대화의 주인공들 배출하는 인물(人物)의 산실(産室)이라 할 수 있다.

성공한 배우 없이 최고의 작품은 만들어질 수 없다.

그 첫 번째 지방도시는 중세부터 서양과의 유일한 소통로인 규슈(九州) 나가사키(長崎) 항구이다. 그 역사는 1549년 선교사 하비엘의 기독교 전파부터 유래한다. 임진왜란 전부터 개방된 유서 깊은 개항도시이다. 이곳에서 싹을 튼 네덜란드의 학문(蘭學), 서양의 과학기술, 무역과 교류가 끊질기게 이어져

개방의 선구도시 나가사키항구

남녘의 항구 가고시마항, 대양으로 넘치는 혁명 열기

하기항구의 해안부락, 닭의 목을 비틀어도 새벽은 온다
3백년 시련과 탄압속에 혁명의 횃불은 불타 올랐다.

서 메이지유신의 씨앗이 된다. 일본이 근대화에 성공할 수 있는 요인은 화란(和蘭)을 통해 서구의 변화를 알 수 있었다는 것이다.

두 번째는 사쓰마 번(薩摩藩, 가고시마 현)의 가고시마(鹿児島) 시이다. 중앙정권에서 소외된 영주, 도자마 다이묘(外様 大名)의 중심이 되는 세력이 포진한 도시이다. 중국 상해(上海)와 가까워 중국 대륙의 변화를 가장 빨리 접할 수 있었다. 기독교가 최초로 전파된 곳으로 남쪽으로는 오키나와로 뻗어나는 항구이다.

막말(幕末)의 영걸 사이고 다카모리, 오쿠보 도시미치를 배출한다. 메이지유신을 끌고 가는 사쓰마 벌(薩摩閥)과 해양으로 도전하는 인물을 잉태한 혁명의 산실이다.

세 번째의 도시가 개혁사상의 진앙지인 조슈 번(長州 야마구치 현)의 번청인 하기(萩)시와 현해탄의 항구 시모노세키(下關)이다. 이곳에서 무사들은 혁명사상가 요시다 쇼인의 지도 아래 존왕양이(尊王攘夷) 사상을 가슴에 품고, 막부타도에 매진한다. 유신 삼걸인 기도 다카요시, 제국의 설계자 이토 히로부미,

야마가타 아리토모를 배출한다.

교통의 요지 시모노세키(下關)에서는 해상을 통해 일본 전국으로 쉽게 이동할 수 있다. 일본제국의 핵심 정치세력인 조슈벌(長州閥)을 이루고, 육군을 장악하여 대륙으로 진출하는 야욕의 군벌을 육성된다.

먹구름의 고베항구, 간사이지역의 새로운 활로가 된다.

다음 도시는 교토와 오사카를 연결하며 외항 역할을 하는 효고현의 고베(神戶) 항구이다. 수도로 가는 길, 번영으로 가는 길목에 개방도시 고베가 출현한다. 일본의 중심 간사이(關西)를 서구 문명과 연결하는 중핵이다. 사카모도 료마와 가쓰 가이슈가 이곳에서 개혁에 매진한다. 1858년 외국인에게 개항되며 긴기권(近畿 수도권)의 새로운 활력이 되는 항구도시이다.

마지막으로 이제 우리가 가는 곳, 가나가와(神奈川)현 요코하마(横濱) 항구이다. 1853년 미국 함대 페리호가 최초로 내항한 곳이 요코하마에 인접한 도시, 현재 미 7함대의 모항인 우라가(浦賀, 현재의 요코스카 시)이다. 페리로부터 촉발된 강제 개항으로 일본 근대화는 본 괘도에 오른다. 도쿠가와 막부는 1858년에 에도(江戶 도쿄)와 떨어진 작은 항구를 개방한다. 이곳이 도쿄 만의 입구에 있는 요코하마 항구이다.

미국은 1850년대에 서부 개척을 본격화하여, 캘리포니아 연안까지 진출하며 자국의 이익을 확보하기 위해 태평양 진출을 시도한다. 중국과 인도는 이

페리함대의 내방, 새 시대를 열다.

미 영국 불란서의 영향권으로 전락했으며, 마지막 남은 동양 국가는 일본이었다. 일본에 대한 우선권을 확보하기 위해 미국은 페리 제독을 사령관으로 하여 4척의 동양 함대를 파견한다.

아프리카 희망봉을 돌아 7개월 만에 1853년 일본 연안에 도착한 미국 페리 제독은 함포를 발사하며 도쿠가와 막부를 압박한다. 페리 함대의 강압적 요구에 의해, 막부는 이곳 우라가(요코스카시)에서 '미일 화친조약(和親条約)'을 맺고 동경만의 입구 시모다(下田)와 홋카이도의 하코다테 항을 1차로 개방한다.

이어서 1858년에는 본격적 통상과 항구 개방을 규정하는 미일 통상조약이 체결되었다. 이 통상조약으로 일본의 항구 4곳(나가사키, 하코다테, 요코하마, 고베)이 추가로 개방된다. 그러나 불평등 조약 체결로 인해 외국 상품이 쏟아져 들어오고, 인플레로 서민생활은 피폐해진다.

일본 내부는 막부의 서양 세력 개방을 비난하며, 찬반의 대립 속에 극심한 혼란을 겪으며 내전 상황으로 몰린다. 이것이 메이지유신(明治維新)으로 발전하며, 도화선이 이곳 요코하마 항구 개방이었다.

요코하마는 1858년 당시 100여 세대가 거주하는 한적한 촌락이었다. 단기간에 외국인 거류지, 부두, 세관 등을 설치하고 국제항으로써의 체재가 정돈된다. 1859년 7월 1일에 요코하마 항으로써 정식 개항했다. 요코하마는 에도

외국선과 물자가 몰려드는 요코하마 항구, 서양인과 신여성 서양건물이 넘쳐흐른다.

(도쿄)의 관문이 되어 서구 문물이 동양에서 가장 빠르게 도입된다. 서양색이 뚜렷한 국제도시로써 발전하기 시작했다.

요코하마는 수도 에도(江戶, 동경)와 근접하고, 외교관들에게는 본국과의 교통이 편리했다. 게다가 함대를 주둔시킬 수 있어, 서구 각국은 안전상 일본 주재 공사관을 모두 이곳에 설치한다. 서양인 거류지, 무역 상관, 군함, 군대가 상주하며 일본 속의 서양이 된다. 여인들은 세련되었고 거리는 서양문물이 넘쳐 흐른다. 일본 근대문화는 요코하마에서 개방과 개혁의 큰 물결을 타게 된다.

제국주의 힘을 과시하는 서양 외교관들, 신천지를 찾아온 유럽의 상인들이 몰려온다.

서양으로 유학하려는 유학생과 밀항자, 외교교섭 차 떠나는 고관대작, 개방을 배우려는 신문화 시찰단, 모두가 이곳으로 도착한다. 최신의 증기선을 타고 유럽과 미국으로 출발하는 야망과 두려움의 출발점이었다..

서양식 건물이 들어선 1870년대 요코하마 거리

1859년부터 요코하마에 상주하는 서양 외교관과 무역상 들이 필요한 정보를 전파하고 공유하기 위해 신문(新聞)을 만들 필요성을 느낀다. 1861년 뉴질랜드 출신의 저널리스트에 의해, 일본 최초의 활자 인쇄 신문 '저팬 헤럴드(Japan Herald)'가 창간된다.

요코하마에 들어선 근대식 호텔, 일본 최초의 서양식 호텔

이를 일본인들이 번역하여 요코하마 시내와 에도(도쿄)로 전파하며, 서양 사정이 빠르게 알려진다. 이어서 일본어로 된 최초의 신문 '해외 신문(海外新聞)'이 1864년에 요코하마에서 발간된다. 1870년에는 일본 최초의 일간지인 '요코하마 마이니치신문(橫浜 毎日新聞)'을 시작으로 신문들이 각지에서 발행되었다. 요코하마는 일본 언론의 발상지로 '일본 신문회관'이 요코하마에 존재하는 이유를 알 수 있다.

1861년에는 일본 최초의 호텔 '요코하마 호텔'이 네덜란드인 무역 선장에 의해 건립된다. 료칸으로 대변되는 일본식(和式) 전통 숙박문화는 이때부터 변화된다. 서양식 호텔 문화가 도입되며 접목 된다. 세계에서 가장 깨끗하고 편안하며 친절한 일본 호텔은 요코하마에서 외국인에 의해 시작된다. 같은 해 혼모쿠 출신의 우츠미 헤이키치(內海兵吉)가 프랑스 군함의 승무원 요리사로부터 빵 요리법을 배웠다. 그는 일본의 밀가루로 삶은 경단 같은 빵을 굽기 시작하였다. 요코하마에서 시작된 역사 깊은 일본 빵의 시작이다.

1866년에는 우유가 도입된다. '리브레'라는 미국인이 미국에서 6마리의 젖소와 그 송아지를 조달해서 요코하마에서 서양식 목장을 열었다. 1866년 4월 요코하마 영자신문에 우유 판매 광고를 게재한 것이 일본 최초의 우유가 되었다.

1869년 맥주가 도입된다. "요코하마 야마테 46번지, '저팬 요코하마 브루어리'를 개업해, 맥주 양조를 시작했다."라고 '저팬 헤럴드'에 광고가 게재된다. 이후에도 거리의 조명을 밝히는 가스(가로)등, 비누, 아이스크림, 성냥과 같은 문명의 이기가 이곳에서 일본 최초로 만들어진다. 서양인과 교류하며 테니스 경기, 경마, 세계사격대회가 1870년대에 시작된 곳이다. 서양문화 과학기술아 쏟아져 들어온다. 요코하마는 일본의 신세계였다.

1872년 9월에는 일본이 자랑하는 철도(鐵道)가 건설된다. 수도 도쿄의 신바시(新橋) 역과 요코하마(橫濱) 역을 연결하는 노선이다. 거의 동시에 교토 오사카 고베를 연결하는 철도도 부설된다. 여객과 화물을 요코하마에서 도쿄로 수송하는 도요선(東橫선)은 일본

도쿄 철도역사, 신바시와 요코하마를 연결하는 일본 철도 신바시와 도쿄역이 전 일본 철도의 중심이 된다.

1870년대부터 상하수도의 도시계획을 수립한다.

경제에서 가장 중요한 간선이 된다. 제국의 길, 철도가 만들어지는 곳이다.

1870년대에 수돗물 공급이 시작되어 일본 최초의 상하수도를 설치한다. 달걀모양 하수관의 모형이 여행객의 혼을 빼앗아 버릴 듯 거리를 지키고 있다. 1876년 미국인 벨이 전화를 발명한다. 1년 뒤인 1877년에 '요코하마 벨 대리점'에서 요코하마에 전화를 설치된다. 세계의 신발명품은 즉시 요코하마로 전파되는 것이다.

일본의 근대화는 이곳에서 큰 발걸음을 내딛고 있었다. 아, 요코하마!!

1868년 신정부는 보신 전쟁을 거쳐 도쿠가와 막부로부터 전국의 통치권을 빼앗아 명실공히 천왕제 근대국가를 출발시킨다. 그러나 이곳 요코하마의 외국인 거류지와 외국 공사관은 자치권이 보장된 구역(關內 지역)으로 중립을 유지하며 치외법권을 행사한다.

번영의 요코하마도 군국주의 일본의 파고를 넘을 수 없었다. 2차 대전중 미군의 공습으로 도시의 70%가 파괴된다. 일본은 1945년 9월 도쿄 만 앞바다에 정박 중인 전함 미주리호 함상에서 항복 문서에 조인하며, 역사상 최초로 타국의 지배를 받는다.

아카렌카 부두창고와 요코하마시 개항 기념관, 근대문화의 보고 요코하마

　1945년 9월 미군은 요코하마(橫濱)에 '연합군 총사령부(GHQ)'를 설치하고 맥아더 장군이 일본을 통치한다. 미국의 동양 함대 페리 제독이 요코하마를 개항(1859년) 시킨 지 86년 만에 발생한 역사적 사건이다. 개방도시 요코하마의 국제적 운명이다.

　역사의 흥망성쇠는 되풀이된다. 1950년 한국동란의 발발과 동시에 요코하마는 미군의 보급기지로 부흥한다. 이곳에서 20여 키로 떨어진 요코스카항은 미 해군 7함대의 모항이며 일본 해상자위대의 사령부이다.

　현재 요코하마는 인구 370만의 일본 제1의 항구 공업도시로 발전했다. 일본의 경제력과 번영의 상징도시로 성장했다. 요코하마 항구의 푸른 불빛이 도시에 스며든다. 요코하마 외국인 묘지에는 메이지 유신 때 전몰한 영국 수병이 이역의 땅에서 외롭게 누워있었다.

　여행자는 "Blue Light, Yokohama!"를 흥얼대며 "항구가 보이는 언덕"을 내려온다.

근대의 첫 단추,
수도이전

　　2018년은 메이지유신(明治維新)이 성공한지 150년이 되는 해이다. 동시에 일본 수도가 교토(京都)에서 도쿄(東京)로 천도한지 150년이 되는 해이다. 우리가 방문한 도쿄시에서는 천도(遷都) 150주년을 기념하는 이벤트가, 메이지 유신 150주년 행사와 더불어 곳곳에서 개막되고 있었다. 이러한 수도 이전은 어떻게 이루어진 것일까?

니주바쉬(이중교)에서 바라본 일본 황궁, 도쿠가와 이에야스가 건설한 에도성, 메이지천황이 이어받다.

천황의 거소 교토, 중세로부터 1천년의 상징적 수도

우리는 교토와 도쿄에서 천도와 관련된 일본 근대화의 내면을 들여다 보게 된다. 1868년 메이지유신에 성공한 집권세력은 메이지 천황에게 '새로운 수도로 이전하여 민심을 수습하고 새로운 모습을 보여야 한다'라는 건의를 한다. 새로운 수도의 후보지는 경제 중심지 오사카(大阪), 막부의 수도 에도(江戸, 東京)였다.

천황의 측근 세력들은 경제적인 이해와 권력을 유지하기 위해, 집과 가문 토지가 있는 교토(京都)에 그대로 잔류해야 한다고 주장했다. 교토 오사카 고베 나라를 연결하는 관서지방에 애착을 가진 세력이었다. 교토에서 도쿄까지의 거리는 약 460Km 정도로 머나 먼 거리이다. 누가 쉽게 떠나는 결정을

기온의 시가지. 옛 것이 보전된 천년 고도의 모습에서 역사를 볼 수 있다.

할 수 있겠는가?

17세의 어린 무쓰히토 천황도 본인이 크고 자란 교토(京都)를 선호했다. 집권세력도 천도로 인해 교토(京都)의 민심이 동요하는 것을 원치 않았다. 1868년 가을, 천황은 순시차 에도에 행차했다가 그대로 머무는 형식으로 에도로 이동한다.

민심을 고려하여 교토(京都)는 수도이고, 에도(江戶)는 동쪽 수도라는 도쿄(東京)로 호칭한다. 도쿠가와 가문과 백성들이 전란으로 떠나고, 초기의 동경은 텅 빈 도시였다. 천년의 도읍지를 이전하는 것은 이처럼 어렵고도 중차대한 과제였으며, 메이지 혁명이 성공하였기에 가능했다.

교토(京都)라는 도시는 근세의 일본 모습이 보존된 가장 일본다운 도시라 한다. 그 교토에서 기온(祇園) 거리는 19세기 옛 교토의 거리 모습을 그대로 보존하고 있는 가장 교토 다운 거리이다.

낡은 2층의 목조건물, 검은 기와지붕, 대나무 차광막 이런 것이 전통적 일본식 가옥이며 거리였다. 이런 식의 주택은 야마구치현의 번청이 있었던 하기(萩)시에서도 보존되고 있었다.

시간이 멈춘 거리에 근세와 근대 그리고 현대의 모습이, 유전인자처럼 문화가 이어져 전해지고 있다. 재개발되기 전 서울 종로(鍾路) 뒤 골목의 모습도 이랬었다. 19세기 교토의 유흥가와 환락가로 유명한 곳, 지금도 게이샤(藝人)

교토 기온거리의 뒷 골목, 골목은 비좁고 건물은 평범했다. 천년의 전통, 왕도의 기품이 녹아든다.

교토의 뒷 골목과 작은 교토 하기의 주택가. 일본의 근대시대가 아른거린다.

의 실제 모습을 볼 수 있는 곳이다. 한정식집이 즐비했던 서울 종로 인사동 골목의 향수가 어린다.

수 많은 여인과 사내들은 어디로 떠났을까?

기온(祇園) 거리에는 겨우 한 두 사람이 다닐 수 있는 좁은 골목길에, 음식점과 주택들이 엄연히 살아서 존재한다. 재개발에 이골이 난 한국인으로서는 받아들이기 어려운 과거와의 소통이다. 만약 교토가 그대로 수도로 남았다면 이런 모습이 존속 가능했을까?

일본의 음식점은 어떤 곳이든 가격이나 품질이 매우 공정하며 신뢰를 준다. 그러나 교토는 세계적 관광지라서 그래서인지 그런 공식이 안 통한다.

상품이나 음식 가격이 타 지역보다 비싸다. 현찰(Cash)만 요구하는 상점도 많고, 표기된 음식 가격에 부가세(8%)와 별도로 10% 이상의 서비스 차지

서양을 모방하는 것과 내 것을 보전하는 것. 어느 것이 경쟁력이 있을까?

(charge)를 요구하는 바가지요금 음식점도 있다.

일본답지 않은 현상에 일말의 안도감을 느끼는 것은 완벽한 일본에서 허점을 봤기 때문이다.

기온 거리의 메인 스트리트에는 스타벅스 맥도날드 피자헛과 같은 미국식 레스토랑 카페가 줄지어 서 있다. 그 사이사이에, 전통 음식점 찻집 토산품점 주점들이 옛 건물에서 내부 리모델링으로 새로 태어난 것이다.

근세와 현대의 기묘한 동거가 오히려 돋보임은 이방인의 시각 탓일까?

마치 로마의 시내가 중세의 모습을 간직하고 현대를 맞이하듯, 교토 기온 거리는 현대 속의 근대였다.

사무라이들은 이런 거리를 보저나며 근대국가를 건설해 나간 것이다.

서글픈 전쟁,
무사의 길

　올해가 일본 메이지유신(明治維新) 150년이 되는 해이다. 중 장년층의 관심 속에 특별 전시회, 드라마 방영, 세미나, 현지답사 등 관련 행사가 일본 전국에서 열리고 있었다. 우리가 방문한 교토의 메이지유신 기념관인 영산(靈山) 역사관에서도 사이고 다카모리(西鄕隆盛) 특별전이 개최되고 있었다.

교토 영산역사관, 메이지유신의 영웅, 사카모토 료마와 사이고 다카모리가 입구를 장식하고 있다.

평화롭게 서 있는 교토의 황궁 고쇼는 150년 전 혁명과 반혁명 세력이 대치하며 치열한 싸움이 있던 곳이었다. 우리는 이곳 교토 남쪽에서 시작된 양 세력 간의 전쟁이 오사카(大阪)와 에도(江戶 도쿄)로 진행되는 과정을 답사해 보기로 했다.

1867년 11월 9일 도쿠가와 막부(德川幕府)가 권력을 자진하여 반납한 대정봉환(大正奉還)은 미완의 명예혁명이었다. 260여 년 계속된 도쿠가와 막부의 권력은 그렇게 쉽게 포기할 수 있는 것은 아니었다. 교토의 황궁(皇宮)은 권력의 상징으로 아직도 막부군 통제하에 있었다. 대정봉환을 주도한 사카모도 료마는 일주일 후 암살당해 존왕파(혁명세력)는 위기에 휩싸인다.

반혁명의 음습한 기미를 감지한 사쓰마와 조슈 도사 번의 혁명세력은 연합부대를 편성하여 1868년 1월 3일 교토에 입성하며 황궁을 장악한다. 이어 막부를 폐지하고 천황을 중심으로 하는 새로운 정부를 수립했음을 선언하는 왕정복고 대호령을 선포한다. 강공책으로의 전환이다.

메이지 유신의 최고 인물은 누구일까? 사이고 다카모리 특별전 포스터

사이고 다카모리에게 청원하는 무사들, 사이고의 힘은 마치– 쇼군과 같았다.

혁명의 뒤에는 항시 강한 반격의 그림자가 나타난다. 혁명정부가 쇼군의 관직과 영지를 반환하도록 명령하자, 막부는 물론이고 막부를 지지하는 번 (藩)들이 크게 반발했다.

마침내 1868년 1월 27일 교토 남쪽에서 양측 강경파 사이에 전투가 벌어지면서 1년 5개월간의 내란-보신 전쟁(戊辰戰爭) 전쟁이 시작되었다. 천황의 군대임을 선포하고 대세를 장악한 신 정부군(혁명군)은 민심의 지지 속에 막부군(반혁명군)을 격파한다.

오사카에 병영을 개설한 쇼군 요시노부와 막부군은 유서 깊은 오사카성 천수각(天壽閣)에서 결전을 벌이나 신 정부군에게 패하고 퇴각한다. 토요토미 히데요시가 축성했던 요새 오사카성 천수각은 이때 전쟁의 화마에 손상을 입고 후일 다시 복원 것이다. 흥미로운 것은 이 전쟁을 일본의 전통적 동서 세력의 대결, 서군(關西지역)과 동군(關東 세력)의 대결로 보는 시각이 있다.

도요토미 히데요리의 서군(西軍)이 1614년 오사카성 전투에서 도쿠가와의

오사카 성에서 전개되는 보신전쟁, 천황의 군대 신정부군, 막부의 군대 반정부군
대의와 명분의 신정부군은 철옹성 오사카 성을 함락한다.

영국 공사 헬리 파크스, 19세기 강
대국 외교관 전쟁과 평화를 결정하
는 전권을 행사한다.

동군(東軍)에 패배한다. 이후 사쓰마 조슈를 중심으로 한 서군(西軍)이 260여 년 만에 마침내 권토중래했다는 것이다. 일본은 전통적으로 봉건사회의 영주 체제로 번(藩)을 중심으로 생존해 왔다. 번(藩)은 향토애와 자치의식이 매우 강하고 지역감정도 심한 지역공동체였다.

메이지 유신 이후 번(藩)을 해체하고, 47개 도 도 부 현(道 都 府 縣)으로 제도를 개편했지만 아직도 그 유산이 강하게 남아있음을 보면 이해가 간다.

승리한 신 정부군은 곧장 에도(江戶 도쿄)로 진격했다. 요코하마에 강력한 동양함대를 보유한 영국 공사 해리 파크스(Harry Smith Parkes)가 개입한다. 그의 중재에 따라 공격을 중단하고 교섭이 시작되었다. 그 결과 신 정부군은 5월 3

도쿄를 전쟁의 피해로부터 구한 사나이
사이고 다카모리와 가쓰 가이슈

일에 에도 성에 무혈입성해 그곳을 장악했다. 전국을 휩쓴 전란 속에서도 몇 사람 선각자의 지혜와 결단이 에도의 피해를 최소화시킨다.

그 첫째가 막부군(반혁명군)의 총사령관으로 전권을 위임받은 가쓰 가이슈(勝海舟)와 신 정부군(혁명군)의 군 사령관 사이고 다카모리(西卿隆盛)의 막후 협상이다.

가쓰 가이슈(勝海舟1823~1899)는 에도(도쿄)의 하급무사 출신이다. 1860년 가쓰는 대미 사절단을 태우고 태평양을 횡단하여 미국으로 간다. 여기서 서양의 군사력과 산업혁명의 견문을 넓히며 개국론의 선각자가 된다.

본인을 암살하려 온 도사 번의 무사 사카모도 료마(坂本龍馬)까지 설득해 제자로 만든 특출한 인물이다. 사이고와 가쓰 두 사람의 담판으로 쇼군 요시노부(德川慶喜)의 안전을 보장한다. 인명의 손상과 물적 피해없이 에도(江戸 도쿄) 무혈입성이 이루어진다.

둘째가 사이고 다카모리((西鄕隆盛)의 포용력이다. 그도 변방 사쓰마 번 하급무사 출신의 강골 무인이었다. 오랫동안 존왕양이(尊王攘夷) 투쟁과 교섭을 통해 정보와 협상에 능란한 전략적 마인 드를 갖추고 있었다. 사이고와 가쓰 서로 반대편에 속해있었다. 두 사람은 이미 1864년에 만나 일본 근대화에 대해 길은 다르지만 인정하며 존경하는 사이가 된다.

후일 사이고는 가쓰 가이슈의 능력을 아까워하며 메이지 정부의 관리로 추천한다. 가쓰 가이슈도 서남 전쟁 이후 반역 도당의 수괴로 몰린 사이고를 복권시켜 동상을 건립하는데 일익을 한다. 괄목상대(刮目相對)는 이런 관계를 말하는 것이다.

도쿠가와 요시노부, 막부의 마지막 쇼군
지혜와 용기의 인물도 시대의 흐름을 역류 할 수는 없었다.

서구 제국주의가 중국 인도에서 멈춘 것은 일본 역사의 대 행운이다. 막부(幕府)는 프랑스와 연합하고, 혁명군은 영국과 연합하여 전쟁은 자칫 국제전으로 확대될 가능성이 컸다.

일본 주재 영국 공사인 해리 파크스(Harry Smith Parkes)는 중국의 제2차 아편 전쟁 애로우호 사건을 획책했던 무력 외교에 능한 동아시아 전문가였다.

그는 일본 문제에 적극 개입하여 영국의 이익을 보장받고 중국식 아편전쟁 방식의 무력 개입을 원치 않았다. 이 당시의 현지 대사는 군사력 동원까지 권한을 행사하는 막강한 위치였다.

이를 간파한 가쓰 가이슈는 영 불 양국 모두 개입을 자제시키며, 전쟁을 종

가쓰 가이슈와 사카모토 료마, 생사의 기로에서 사제지간으로,
위기에서 일본을 구한 인물들

식시키고 막부파에 대한 처벌을 면제하기로 협상한다. 막부의 마지막 쇼군 요시노부(德川慶喜)도 개혁 지향적 지도자였다. 18년간 일본에 주재한 영국공사 파크스는 "자기가 만난 가장 유능한 일본인이었다"라고 기술한다.

요시노부는 대세를 받아들이며 최후의 항전을 미루고, 기득권을 완전히 포기하며 은거에 들어간다. 지휘 사령탑이 부재한 전쟁은 결말이 난 것이나 다름없다. 퇴각한 강경파 막부군은 동북의 각 번을 전전한다. 1년 5개월에 걸쳐 홋카이도에까지 가서야 마지막 저항을 멈추고 투항한다.

이 전쟁을 일본 역사에서는 승자도 패자도 모두 일본 근대화의 꿈을 가진 동족끼리의 살육, 서글픈 전쟁이라고 기술한다. 마치 몽고에 대항하는 13세기 고려 삼별초의 난이 연상된다.

보신 전쟁 위령비에는 이렇게 쓰여있다.

"막부군, 정부군 모두가 스스로 올바르다고 믿은 채, 각각의 길로 자신들의 진실을 다했던 전쟁이다. 다만 흘러가는 한순간의 차이에 따라, 어떤 자는 정부군이 되고 또 어떤 자는 막부군이 되었으며, 무사도(武士道)에 따라 목숨을 바쳤다."

-네이버 지식백과 -

가쓰 가이슈, 사이고 다카모리, 영국공사 파크스, 마지막 쇼군 요시노부 몇 사람의 지혜와 결단이 없었으면 전쟁의 혼란이 연장되었을 것이고 일본 근대화는 훨씬 더 지체되었을 것이다.

이런 면에서 부패하고 무능했던 청(淸)과 조선왕조, 그 지배층과는 큰 차이가 있었다. 내부 세력 간의 상호 투쟁과 살육, 외세가 침략을 조장하는 청과 조선은 서서히 식민지로 전락되는 다른 양상을 보인다.

지나면 다 보이는 역사의 검은 소용돌이도 현실의 권력자들에게는 꼭 잡고 싶은 신기루 같은 것일까? 권력의 보루 오사카 성도 한 무리 관광객의 뱃놀이 터에 불과한 것을 시대의 권력자들은 볼 수 없었던 것일까!

영걸(英傑)의 죽음,
세대교체

   미국 영화 라스트 사무라이(The Last Samurai)는 2003년에 에드워드 즈윅 감독이 제작하고 배우 톰 크루즈가 주연한 영화이다. 이 영화의 전개는 일본의 근대화 과정에서 벌어진 규슈의 서남 전쟁(1877년)에 바탕을 두고 있다. 여기서 나오는 사무라이 대장 가쓰모토 영주가 메이지 유신삼걸(維新三傑)의 최고 인물인 사이고 다카모리(西郷隆盛)이다.

   사이고는 남겨진 동상이나 사진을 보면, 기골이 장대하고 눈이 부리부리한 무사의 상이다. 실제로 그는 일본인으로는 드물게도 신장이 183cm에 체중이 90Kg인 거구의 무사로 별명이 무웅(武雄) 이었다.

사이고 다카모리, 최고의 무사

사이고는 진보적인 사쓰마 영주 시마즈 나리아키라(島津齊)의 총애로 사쓰마 번과 에도(도쿄), 교토를 오가며 학문과 무술을 익히며 에도시대 말기의 정세 변화를 체득한다. 쇼군의 교체기에 구금과 유배, 다시 복권되는 파란만장한 청년시대를 보내며 권토중래(捲土重來)의 웅지를 품게된다.

평가해 보면 청년 시절부터 그는 단순한 사무라이가 아니라 시대를 보는 전략가이며 세력을 끌고 나가는 혁명가였다. 사쓰마 번 영주의 신임을 얻고 중앙으로 진출해, 막부와 천황 사이에서 협력과 지지를 이끌어 내는 과정에서 힘과 협상의 기술을 체득하다.

사쓰마 번의 희생을 최소화하며 힘을 축적하고, 명분과 실리를 동시에 얻는 전략이다. 마지막에는 결정적인 대세의 변화를 감지하고, 사카모도 료마의 주선으로 삿조동맹을 체결하여 1867년 막부를 타도하는 선봉에 선다. 앙숙이던 적 조슈와 손을 잡은 결정은 참으로 냉정한 결정이었다. 그가 소속된 사쓰마 번이 도쿠가와 이에야스의 편에 서지 않아, 250년간 소외와 배척대상이 됐던 쓰라린 과거의 실패를 반복하지 않은 것이다.

대세를 선제적으로 끌고 나간다는 점에서 그는 혁명적 전략가였다. 그의 사전 공작과 협상술이 막부를 타도하고 메이지 유신을 성공시킨 것이라 한다. 사이고를 '권모술수의 화신(化神)'이라 부르는 역사가도 있을 정도다.

정치인으로 변신한 사이고는 메이지 유신의 최고 공로자로, 무관 무사 출신 중에서는 최고의 녹봉 2천5백 석을 수여받는다. 그리고 새 정부의 참의(부총리급), 육군대장, 군 최고사령관, 사쓰마 벌(閥)의 영수로서 정치에 참여한다.

칼의역사, 일본
(국립박물관 소장)

오쿠보 도시미치, 강철의 인간

메이지 유신 이후 실업자로 전락한 많은 무사들의 불만이 불안한 사회 정세를 조성한다. 일본 정계에는 정권 내부의 다툼이 격화되며, 분출하는 사회 불만의 탈출구로 조선을 정벌해야 한다는 정한론(征韓論)이 주장된다. 정한론은 메이지 유신 이후 정국 주도권을 둘러싸고 지역 간 세력 간의 권력투쟁이 본격화 한 것이다.

시대의 혁명가도 변화무쌍한 정치 앞에서는 판단이 무디어진 것일까?

정한론(征韓論)에 경사된 사이고는 조선과의 외교 협상 사절로 파견해 줄 것을 고집한다. 내치 우선론을 펼치는 세력들과 조정 문신들의 반대는 조직적이고 치밀했다. 권력을 향한 싸움에서 그는 자만했고 상대방을 경시했다. 결정적 싸움에서 방심으로 패배한 것이다. 전권대사 요구에 실패한 사이고는 정권에서 손을 놓고 고향인 가고시마로 낙향한다.

반면 그와 동향인 평생의 혁명 동지, 오쿠보 도시미치(大久保利通 1830년~1878년)는 냉철하며 강철같은 의지의 지혜로운 인물이다. 유신 성공으로 최고 공신에 오른 오쿠보는 해외사절단으로 구미 각국 시찰을 마치고 입국한 후 서양의 번영에 자극받아 내치를 우선할 것을 주장한다. 불가피하게 사이고 등 정한파와 정치투쟁을 전개하며 우여곡절 끝에 승리하여 정계 최고의 실력자가 된다. 이때 그를 도운 최고 협력자가 이토 히로부미(伊藤博文)이다. 사이고가 사임한 후 신정부 총책을 맡은 1873년부터, 강력한 리더십으로 국가체제를 정비하며 내무경으로 전권을 장악하고, 일본 경찰을 창설하며 오쿠보 시대를 열었다.

　그는 사이고를 중심으로 한 사쓰마 서남 세력의 확대가 일본제국의 안정에 큰 교란요인이 될 것으로 판단하고, 1877년 정부군을 보내 규슈에서 사이고 사병집단을 타격한다.

　최고의 실권자로 군림한 오쿠보(大久保利通)도 사이고가 할복한지 1년 뒤 1878년 자객에 의해 살해되며 권좌의 생을 마감한다. 두 혁명가는 각각 49세 47세로 참으로 애석한 나이에 눈을 감았다. 동일한 시기에 조슈벌 유신 대표인 이상주

기도 다카요시, 꿈을 찾는 검객

의자 기도 다카요시(木戸 孝允 1833년~1877년) 마저 지병으로 43세인 1877년에 타계하여 졸지에 일본 혁명세력은 힘의 공백과 정쟁에 다시 휘말린다.

　정한론의 반대파였던 오쿠보도 결국 타이완을 침공하고 조선을 강제 개국시켜 제국주의자의 면모를 보였다. 이들은 모두 일본 천황주의자들로 동일한 사고와 가치체계를 가졌다. 작고한 전 총리 김종필은 신의에 집착한 사이고보다는 이지적 국가주의자 오쿠보를 평가한 적이 있다. 하지만 일본인들은 국가 기강을 확립한 오쿠보에 비해 유신에 헌신하고 비극적 최후를 마친 사이고에게 더 많은 애정과 성원을 보내고 있다.

　새옹지마(塞翁之馬) 인생유전(人生流傳)의 격언이 새삼 상기되는 세 사람의 혁명 일생이다. 이후 천하의 모사, 주선꾼이라 일컫는 이토오 히로부미(伊藤博文)와 강골 무사 야마가타 아리토모(山縣有朋)의 조슈 평민 출신 혁명 2세대가 일본 역사의 전면으로 등장된다.

평민 이토,
재상(帝相)이 되다.

시모노세키(下關 /바칸 馬關)는 야마구치현에서는 간몬해협 입구에 위치한 중요한 항구이며 규슈로 통행이 가능한 교통요지였다. 19세기 중반 이곳에는 조슈 변의 유신 지사들뿐만 아니라 전 일본의 지사들이 존왕양이 운동을 위해 모여드는 혁명의 기운이 충만한 지역이었다.

이토 히로부미 생가, 하기시 송하촌숙 100미터 옆

이곳은 이토 히로부미(伊藤博文)에게도 존왕양이(尊王攘夷)활동과 막부타도 투쟁, 대륙 침략의 출발지로 수많은 족적이 있었다. 이토는 하기의 첫째 부인과 이혼하고 애첩 우매코(梅子)를 둘째부인으로 맞아 생활했던 곳이 이곳 시모노세키였다

이토 히로부미 동상

이토 히로부미(伊藤博文 1841년 ~1909년)는 죠슈번(長州藩, 야마구치현) 하기(萩) 시에서 최하급 무사의 아들로 태어나 본래 성격이 신중하고 소심하였다. 동문수학하는 상급 무사 출신 기도 다카요시(木戸 孝允)의 심부름과 시종 역할로 학비를 충당해야 하는 딱한 처지였었다.

송하촌숙 글방과 이등박문 생가 표지판

시모노세키 간몬해안가, 혁명의 바다

듣던 데로 하기시 그의 생가는 작고 초라하였다. 19세기 중반 하급무사 집안의 경제여건을 여실히 보여주는 생가였다. 요시다 쇼인의 송하촌숙(松下村塾)에서 100여 m 떨어진 골목에 있는 그의 생가는 지붕이 무너져 내리고 비닐로 덮여 있었다. 그의 동상도 부식되고 떨어져 나가고 있었다.

일본 제국 초대총리를 역임한 사람의 집치고는 특이하게 관리가 부실한 것을 보니 이상할 정도였다. 일본인에게도 허점이 있었다.

그는 당초 송하촌숙(松下村塾) 수학시, 인물 식견에는 일가견이 있다는 스승 요시다 쇼인(吉田松陰)의 눈에 띄지 못할 정도로 평범한 인물이었다. 그러나 그는 온갖 간난을 견뎌내며 타고난 주선꾼 기질과 주변 사람들의 도움, 끈질긴 학구열과 동물처럼 빠른 판단력으로 근대 일본의 최고 정치인이 되는 인물이 된다.

이토(伊藤)는 22세가 되던 1863년 죠슈 번의 지원으로, 다섯 명의 동향 청년과 함께 요코하마에서 밀항하여 런던대학으로 유학을 떠난다. 이들은 이후 조슈 5걸(傑)로 불리며 일본 근대화의 선각자로 활약한다.

조슈 5걸(五傑)중에는 총리가 되어 일본제국을 완성하는 이토 히로부미, 외무대신과 대장대신을 역임하며 제국의 외교를 세우는 이노우에 가오루가 일생의 동지이며 친구였다.

엔도 긴스케는 일본 메이지 정부 조폐국장으로 화폐금융의 국제화에 기여한다. 야마오 요조는 공학을 전공한 후 귀국하여 공부대신(상공부 장관)으로 일본 공업의 근대화를 이끄는 인물이 된다. 이노우에 마사루도 공학을 전공한 후 귀국하여 일본 철도국의 고위 관리로 일본철도의 아버지로 불리는 역할을 한다.

요시다 쇼인 신사, 개화의 진원지

이들은 유학을 통해 일본과 유럽의 월등한 국력차이를 목격하고, 개국 불가피론자로 전환하게 된다. 다섯 명의 밀항자, 뜻이 있는 곳에 길이 있었다.

1864년 이토 히로부미(伊藤博文)는 고향 시모노세키 전쟁 소식에 급히 귀국한다. 그는 전쟁 강화 협상에 통역으로 참여하여, 패전국의 비애를 실감한다. 강화협상 중 알게 된 영국 외교관 '어네스트 사토(Sir Ernest Mason Satow)'와 평생 친교를 맺으면서 제국주의 외교에 눈뜨기 시작했다.

이토(伊藤)는 이어서 다카스키 신사쿠가 만든 조슈 번 기병대(奇兵隊)에 참여하여 막부 타도에 주력하며, 메이지유신후에는 외무성 대보(국장급)로 정부에 참여한다.

그의 주선꾼 기질과 빠른 판단력은 다시 발휘되어, 메이지 정부 출범 후 이와쿠라 사절단으로 구미 선진국을 시찰하게된다. 이때 사쓰마 출신 최고 실력자 오쿠보 도시미치와의 만남으로 대 도약의 기회를 잡고, 평생의 은인이

Okubo Toshimichi
大久保 利通
大久保 利通
오쿠보 도시미치

一
大久保 利通

오쿠보 도시미치, 이지적 의지의 인간. 이토 히로부미에게 권력을 넘기다.

었던 동향의 실력자 기도 다카요시로부터는 멀어지게 된다.

이토의 성격을 보여주는 일화가 있다. 메이지 정부 초기, 고관이 지방에 출장을 가면 현 지사나 시장이 연회를 열어 준다. 연회에 나온 기생 중 마음에 드는 여인을 선택해 함께 밤을 보내는 것이 당시 고관의 특권으로 관례화되어 있었다.

이토가 고른 인물은 대부분 2, 3류로 분류되는 기생이었다. 일류 기생은 추천받아도 거절했다. 왜 그랬을까?

이토의 취향도 세상의 일반 남자들과 다르지 않아 미인을 좋아했다. 그럼에도 지방에 가면 다르게 행동한 까닭은 이토 나름대로의 계산이 있었다. 각지의 기생들은 반드시 지방 유력자와 관계를 맺고 있었다. 이토가 자신의 취향대로 여인을 선택할 경우 그 지역 유력자의 원한을 사게 된다. 말하자면 가는 곳마다 정적을 만들게 되는 것이다.

이토의 판단대로 오쿠보는 정한론(征韓論)의 정변에서 가고시마의 동향 친구, 사이고 다카모리를 물리치고 정권을 장악하게되어 이때부터 도약의 기회를 움켜진다. 이토는 드디어 조슈 번의 대표자로 대접받게 된 것이다.

혁명의 주역인 유신삼걸(有神三傑)이 모두 단명하게 끝나면서, 시대는 그를 조슈와 사쓰마를 어우르는 최고의 인물로 부르게 된다.

초대 총리대신으로 임명된 그는 토요토미 히데요시(豊臣秀吉) 이후 처음으로 평민 출신이 제상이 되며, 만민평등의 근대화가 전개됨을 일본 국민은 실감하게 된다.

이후 헌법 제정과 정당정치 국회 개원을 성공적으로 이끌고, 청일전쟁, 러일전쟁 시 총리대신으로 전쟁을 승리하며 인생 최고의 영광을 장식한다.

시모노세키 간몬해협 모지코항구의 근대유적

제국주의 일본과 국제무대에서는 대단한 업적을 이룬 인물이었으나, 주변국 조선 중국의 입장에서는 식민지로 전락하는 침략의 원흉으로 부각되며 안중근(安重根) 의사의 하르빈역 거사로 운명하고 만다.

19세기 말 이토 히로부미(伊藤博文)로부터 축적된 노회한 제국주의 외교와 책략이 국제무대에서 현대에까지 대단한 영향력을 미치고 있다. 종군위안부, 독도 영유권, 최근에 불거진 강제징용 노동자 문제 등에서 서구 열강의 지원과 방조를 끌어내는 외교 전략이 그렇다. 150년 전부터 일본 외교는 세계로 향했고 세계로 부터 배웠다.

제국의 대주주,
삿조(薩長) 마피아

　메이지 유신(明治維新)을 성공시킨 세력은 매우 다양하다. 위로는 고메이 천황(孝明天皇)부터 귀족, 무사계급, 아래로는 농민 상민 천민 병사에 이르기까지 존왕양이(尊王攘夷)의 구호에 매료되었다.

　그러나 그 핵심세력은 막부 말기의 하급무사 그룹이다. 그중에서도 막부로부터 감시와 차별을 받으면서도, 저항하며 힘을 키운 서남지역의 변방, 사쓰마, 조슈, 도사, 히젠 번(藩)네 지역에서 배출한 사무라이들이다.

대한민국

동 해

일 본

그들의 출신 번(藩)을 합하여 '사조토비'(薩長土肥, 가고시마 (鹿児島), 야마구치 (山口) 고지 (高知), 사가(佐賀))라 하며 메이지 정권을 창출한 웅벌(雄閥)이라 칭한다. 도쿠가와 막부를 타도하기 위해 사카모토 료마가 마지막으로 시도한 것은 4개 번(藩)의 동맹이며, 가장 힘이 강한 사쓰마(薩摩)와 조슈(長州)의 '삿조동맹(薩長同盟)'이었다.

이 동맹의 진격으로 막부는 붕괴되었다. 메이지 유신 이후 사쓰마와 조슈번의 연립정부를 가리켜 '번벌(藩閥)정부'라 칭하기도 한다.

메이지 유신 제1기 정부는 1868년 메이지유신 직후부터 1873년 정한론(征韓論) 정변 시기까지를 말한다. 유신 삼걸(維新三傑)이라 칭하지만 권력을 앞에 두고 상호 견제와 암투가 이어진다. 자신의 출신지역과 자신을 따르는 파벌을 비호하는 것은 현대 일본 정치의 계파정치와 똑같은 양상이다.

사쓰마 출신 사이고 다카모리(西郷隆盛 1828~1877년)와 오쿠보 도시미치(大久保利通 1830~1878년)에 비해 기도 다카요시(木戸孝允 1833~1877년)의 조슈 세력은 상대적으로 약했다.

사쓰마와 조슈 간의 동맹에서 출발한 메이지 정부에서, 양 지역간의 권력배분은 내각구성의 가장 중요한 기준이었다. 사쓰마의 최고 실력자 사이고 다카모리(西郷隆盛 1828~1877년)가 주도하는 가운데, 조슈 출신 기도 다카요시와 함께 참의(参議 부총리급 국무 위원)에 취임하며 초창기 권력의 균형을 이룬다.

도사 번 출신으로는 이타가키 다이스케(板垣退助, 1837년-1919년), 히젠 번 출신으로는 외교 능력이 뛰어난 오쿠마 시게노부(大隈重信, 1838년 ~1922년)가 소수파로 승선하게 된다. 사조토비 출신 참의(参議) 4인간의 협의를 걸쳐 국정이 결정되는 구조다. 이 시기를 사이고 다카모리가 주도하며 사이고 정부라

야스쿠니 신사

일본 국회의사당

도쿄 타워

한다.

권력은 변화무쌍하고 냉정하다. 구미 사절단으로 합류해 해외를 다녀 온 귀족 이와쿠라를 중심으로, 오쿠보 도시미치(사쓰마) 기도 다카요시(조슈)의 합종연횡(合從連橫)이 이루어진 것이다. 이인자들은 손을 잡고 정한론(征韓論)을 계기로 정변을 일으켜, 사이고 다카모리의 아성을 무너트린다.

정권에서 축출된 사이고는 고향 사쓰마로 낙향해 군사학교를 만들고 추종자들과 함께 후일을 기약하며 잠복한다. 히젠의 오쿠마 시게노부와 도사 번의 이다카기도 때 마침 피어오르는 자유 민권운동으로 전환하여, 정당을 창당하며 황야로 가는 길을 택해 정부와 싸운다.

사조토비 정권의 다양성은 사라지고, 오쿠보와 기도가 양분하는 사쓰마 - 조슈 번벌(삿조 마피아)의 독재정부로 바뀐 것이다. 이후 정부를 오쿠보 정부라 한다. 치밀하고 냉철한 오쿠보는 전국을 관할하는 내무성과 경시청을 장악한다. 고향 사쓰마로 낙향한 동지 사이고 다카모리를 사찰하며 반정부 역모로 몰아 숙청한다.

때 마침 삿조 마피아의 2대 주주이며 이상주의자로 불리는, 조슈의 기도 다카요시도 폐병으로 병사한다. 강철같은 의지의 냉철한 행정가 오쿠보의 천하가 시작된다. 1년 뒤, 오쿠보는 기득권을 빼앗긴 무사들에 의해 도쿄 자택에서 출타 중 칼에 쓰러져 사망한다. 천황이나 귀족 입장에서는 혼란의 정국을 장악할 사쓰마 조슈의 대표 인물을 선택해야 했다. 대안은 조슈 출신 이토 히로부미(伊藤博文 1841년~1909년)로 좁혀진다.

이토 히로부미는 학문을 배우던 시절, 기도 다카요시의 심부름을 하며 생계를 유지하던 최하층 출신 서민이었다. 요시다 쇼인(吉田松陰 1830~1859년)이

아사쿠사 센소지(浅草寺)

만든 송하촌숙(松下村塾) 입학과 조슈 번 육군 기병대(奇兵隊)에 참여하며 그의 인생은 대전환점을 맞은 것이다. 인내심이 뛰어나고 천성이 부지런하며 사람을 가리지 않는, 주선꾼 기질의 이토가 총리로 선임된다. 단명한 천재들은 가고, 끈기의 이 삼류가 살아남은 것이다

이토 총리의 후임은 사쓰마 출신으로 홋카이도를 개척한 군인 구로다 기요다카(黒田 淸隆)였다. 구로다의 후임 총리는 조슈 출신 강골 장군 야마가토 아리토모(山縣 有朋)였다. 그 후임은 다시 사쓰마 출신 경제통 마쓰카타 마사요시(松方 正義)로 사쓰마와 조슈 출신만이 총리에 오를 수 있었다.

그들은 권력을 내려놓을 의사가 추호도 없었다. 이토 히로부미는 4회 8년에 걸쳐 총리를 역임하며 일본 제국주의를 견인한다. 이토 히로부미 없이 일본제국의 근대화를 논하는 것은 불가할 정도로 근대 일본의 골격은 그의 손

에 의해 만들어졌다.

메이지 천황도 언론도 의회도 견강부회(牽強附會) 하는 격이다. 1860년대 후반부터 1920년까지 50여 년간을 사쓰마와 조슈 출신이 교대로 총리와 국가 요직을 나누게 된다. 부국강병을 앞세우며, 능력보다는 파벌과 나눠먹기식 인사였다.

그 체제에 반기를 든 인물이 히젠 출신 오쿠마 시게노부다. 초기 내각에서 축출된 후, 의회 다수당의 당수로 우여곡절 끝에 소수파로는 처음으로 8대 총리에 올랐으나 130일 만에 중도 하차한다. 다시 대주주 삿조 마피아 야마가타 아리토모가 총리에 오른다.

아베 신조(安倍晋三) 일본 수상이 2018년 9월 총리 삼선 연임에 성공했다. 야마구치현(조슈 번) 출신의 정치인이다. 혹독한 패전의 멍에와 평화 번영의 자본주의도 일본 정치의 조슈 마피아 세력을 교체하지는 못했다.

철저한 파벌 안배와 나눠먹기식 인사로 이토 히로부미 이후 최장수 총리를 이어간다. 경제 번영을 이끌며, 일본식 파벌정치의 대가이다.

일본 보수파의 정치 행로는 삿조 마피아를 따라가는 것일까? 여론 정치에 의해 일본 우경화는 더 강해진 분위기이다. 현해탄의 파고도 높아만 간다!

제국의 기업,
미쓰비시(三菱)

    1871년 오키나와 어민이 항해 중 폭풍을 만나 대만으로 표류했다가 대만 원주민에 의해 54명이 피살되는 사건이 벌어진다. 이 사건을 계기로 일본 정부는 중국의 책임을 묻고, 오키나와 영유권을 쟁취하기 위해 1874년 5천 명의 병력을 대만 남부지역에 상륙시킨다. 메이지정부 출범이후 최초의 대외 진출 전쟁이자 침략전쟁의 서막이었다.

바다와 바위 – 벗. 최병호의 사진집에서 –

메이지 정권의 최고 실력자 오쿠보(大久保利通)가 명운을 건 이 전쟁에서, 대규모 병력 수송과 보급을 신속히 지원할 함정이 절대 부족한 상황이었다. 일본 정부는 이 지역 해운을 장악한 미국 태평양 해운 측에 수송을 의뢰하지만 미국 회사는 수송을 거부했다.

오쿠보는 국내에서 증기선을 보유한 오사카 소재 미쓰비시 상회(三菱商會)의 야타로(弥太郎)에게 급히 도움을 청한다. 야타로는 열악한 조건에서 영업 손실을 감수하고 전쟁 수행에 성실히 협조한다. 이때부터 미쓰비시(三菱)는 오쿠보 정부의 전폭적 보호와 지원을 받아 급속히 성장한다.

대만 침공 후 미쓰비시 상회는 총 30척의 정부 선박을 무상으로 대여받고, 연간 25만 엔의 운항 조성금을 받는다. 미쓰비시는 일본 최대의 기선 회사인 '미쓰비시 우편 기선 회사'(Mitsubishi Mail Steamship Company)가 되었다. 부국강병의 국가 부흥기에 전쟁에서 성장한 미쓰비시 재벌(財閥)이다.

이와사키 야타로(岩崎弥太郎 1835-1885)는 도사 번(高知 현)의 하급 무사 출신의

미쓰비씨 창업자 이와사키 야타로, 투지의 인간
"내가 뜻을 얻지 못한다면, 저 산에 다시는 오르지 않으리"

1870년대 오사카의 미쓰비시 상회, 나가사키 조선소

가난한 집 아들이었다. 어머니의 보살핌으로 소년시절 에도(江戶)에 유학하고 학문보다는 경세에 뜻을 둔다. 강인한 성격의 그는 "남자는 배짱이다"라는 신조의 사업가다. 목재 장사로 돈을 모으며, 도사 번의 관리에게 눈에 띄어 관리로서 길을 시작한다. 그는 도사 번에서 운영하는 나가사키 출장소 무역상사에 파견 나가는 행운을 잡았다. 그의 인생이 결정적으로 도약하는 시기가 된다. 야타로는 도사 번(高知 縣)이 전쟁에서 사용할 무기, 탄약, 함선 등의 구매 업무와 농산물을 수출하는 업무를 담당하였다.

여기서 그는 서양문물과 서양 상인, 무역, 난학(蘭學) 등을 경험했다. 동향 출신 유신 지사 사카모도 료마(板本 龍馬)를 만나 친분을 쌓고 새 시대의 흐름을 예견하게 된다. 능력을 인정받은 야타로는 오사카 출장소로 인사이동된다. 메이지 신정부가 들어서자 각 번이 상회를 직접 경영하는 것을 금지시키고, 새로운 지방제도를 도입하는 폐번치현(廢藩置縣,1871년) 령을 내렸다.

이 때문에 도사 번은 오사카 상회 직영을 포기해야 했고, 야타로에게 기선

운수사업을 대행하게 하였다. 쓰
구모 상회(九十九 商會), 미카와 상
회(三川商會)로 이름이 바뀌면서
영업을 계속한다.

야타로에게는 절호의 기회가
찾아온 것이다. 1873년 야타로는
증기선 3척을 불하 받아 미쓰비
시 상회(三菱商會)로 이름을 바꾸
면서 독립된 회사를 만들었다. 그

2018년 신주쿠 도심, 뻗어오르는 미쓰비시빌딩

리고 대만 정벌 사건(1874년)이 발생한 것이다. 전쟁과 혁명은 세력의 한편은
몰락을 가져오지만, 다른 한편에게는 새로운 기회를 가져온다.

대만 정벌 시 맺은 오쿠보 정부와의 신뢰관계는 이어서 계속된다. 1875년
에는 메이지 정부가 해군 진흥정책을 추진하면서, 미쓰비시 회사에 해군 우
편물 탁송과 외국 정기항로 개설, 선원 양성 등의 임무를 위탁하였다.

야타로의 사업 의욕과 메이지 정부의 정책으로 미쓰비시 기선회사
(Mitsubishi Steamship Company)로 발전한다. 미국이 독점하고 있던 일본-중국간
상하이 항로에 정부의 보호와 자금 지원으로 진출한다. 경쟁 끝에 미국 상선
이 항로를 포기하고 철수한다. 1875년은 일본이 해외 항로에 일본 기업을 진
출시킨 최초의 사례가 된다. 1876년에는 조선과의 외교교섭에서 일본군이
강화도 앞바다에서 함포시위를 하며 위력 과시를 한다. 이때에도 미쓰비시
는 군수지원선을 운영하며 정부를 지원한다.

1877년 세이난 전쟁(西南戰爭)이 일어났다. 이 전쟁은 일본 서남 지역의 무사

미쓰비시 해운 상하이 항로 개설광고

들이 사이고 다카모리(西鄕隆盛)를 앞세워 일으킨 메이지 정부의 마지막 무력 반란이었다. 이 전쟁에서 미쓰비시는 군수물자를 수송하는 임무를 성공적으로 수행했다. 일본의 대외 전쟁과 내전의 특수(特需)에 힘입어 회사를 키우고 자본 축적에 성공한 미쓰비시 MITSUBISHI)는 해운업 이외의 업종으로 사업영역을 넓히기 시작했다.

선박 운항에 필요한 석탄을 조달하기 위해 1873년 요시오카 탄광사업(미쓰비시 鑛業)을 시작했다. 선박이 이용하던 부지를 정부로부터 매입하여 1884년 나가사키조선소(미쓰비시 重工業)를 세웠다. 조선소에 필요한 철강을 조달하기 위해 제철소를 세웠다. 선박 운송업 지원을 위해 해상 보험업(도쿄 해상화재保險)에도 진출했다. 선박 운송업의 경험을 살려 무역업(미쓰비시 商事)에도 손을 뻗었다. 보험과 무역의 경험을 업고 금융업(미쓰비시 UFJ 銀行)에 진출한다.

후진국에서 선발 민간기업이 사업 다각화를 이룬 전형적 사례가 된다. 이런 진출이 야타로 사업 당대(1870~1885)에 이루어진다는 측면에서 그 진취성을 높이 평가받는다. 하긴 그 당시에는 어떤 기업도 이런 사업을 해 낼 능력도 없었다.

그는 나가사키에서 외국인 상인과의 교섭을 통해 세계 경제에 대한 안목을 넓혔다. 나가사키 글루버 정원의 설립자 영국 청년 토마스 글루버(Thomas

Glover)와 깊은 사업 관계를 유지한다. 글루버 정원의 맞은편이 미쓰비시 조선소이다. 무역업자 미국인 월시 형제와의 교분도 나가사키에서 싹이 튼다.

전통적 상도와는 다른, 근대적 실업 정신 및 실업가로서의 자질과 세계시장의 안목을 가지게 된다. 여기에 대정부 관계에서 특출한 지원까지 얻는다.

이러한 정경유착으로 급속 성장한 반면, 정권의 흐름에 따라 엄청난 시련에 직면하는 숙명이다. 1880년대 중반에는 주력사인 해운회사가 도산하는 고통과 2차 대전중에는 전쟁물자의 생산과 조선인 강제징용 근로자의 탄광 동원 문제를 야기한다.

2차대전 후, 맥아더 총사령부(GHQ)에 의해 전범 기업으로 지목되어 재벌이 해체당하나, 한국동란의 특수를 타고 다시 부활하는 끈질긴 생명력을 가진다. 오사카에서 만난 근대 실업인 이와사키 야타로(岩崎弥太郎), "나라가 있고, 미쓰비시(国あっての 三菱)"라고 사원 훈시 때마다 강조했다. 고향 고지 현 출신과 사카모토 료마가 만든 해원대(海援隊 가이엔타이, 사설 해군) 출신은 무조건 직원으로 특채했다. 그는 도사번 출신으로는 료마와 더불어 쌍벽인 인물이었다.

부국강병기 공격적 경영으로 미쓰비시(三菱)를 창업한 야타로(岩崎弥太郎)는 일본 근대화가 만든 무사 출신 경제인이었다. 최근 한국 대법원 판결로 2차대전 미쓰비시 강제징용 노동자문제는 또다시 한일간의 뜨거운 문제로 부각되고 있다. 후세 경영인들에게 전쟁상인이라는 오명을 씻고 세계 번영에 기여하는 미쓰비시(三菱)를 고대한다.

신용의 귀재,
미쓰이(三井) 포목점

　지요다구(千代田區) 도쿄 황궁의 남동쪽에 마루노우치(丸の内) 시가지는 일본의 유수한 기업이 자리한 일본 경제의 중심지이다. 양옆으로 내각부와 경시청 국회의사당, 북동쪽으로 야스쿠니신사와 방위성이 위치한다.

하라주쿠 거리, 청춘의 거리, 생동하는 도쿄

도쿄거리 중에도 번화가 긴자(銀座) 신주쿠(新宿) 시부야 (渋谷)를 거닐어보면 일본 경제의 분출하는 힘을 가슴 서늘하게 느낄 수 있다. 마치 터져 오르는 화산의 용암과도 같은 느낌으로 다가온다 수많은 인구가 대도시의 빌딩 쇼핑몰 지하상가 백화점 사이를 밀물처럼 쏟아져 다닌다. 지상 최고의 소비를 즐기고, 만물의 영장 다운 자유와 문화생활을 만끽하고 있다.

하라주쿠(原宿) 오모테산도(表参道) 롯폰기(六本木)의 신흥 거리는 더욱 휘황 찬란하다. 각양각색의 모양으로 몰려다니는 젊은 소비자들은 미래의 희망처럼 떠오르고 있다. 외국인들도 일본인들이 스스로 감탄하는 "스고이! 스고이!(すごい, 凄い 대단해! 지독해! 놀라워!)"란 말을 배워 입에 달고 다닌다. 지방은 지방대로 도시는 도시대로 항시 활력에 넘친다.

일본 경제의 규모와 수준을 잠깐 지표로 살펴보자. 국내총생산(GDP)은 2018년 기준으로 총 5조1670억 $(IMF 기준, 미국 20조 4천억$ 1위, 중국 14조 925억$ 2위, 독일 4조 2116억$ 4위, 한국 1조 6932억$12위)로 '세계 제3위의 경제 대국'이다.

1904년 러일전쟁 승리, 1964년 도쿄 올림픽, 2020년 도쿄 올림픽, 국력신장의 60년 주기, 일본의 그랜드 플랜일까?

도쿄도 청사, 신주쿠 빌딩군, 오모테 산도 거리
비약하는 일본 경제, 발전하는 도쿄

국민 개개인의 소득과 직결되는 1인당 국내총생산은 4만 849$(미국 6만 2,152$, 독일 5만 841$, 한국 3만 2774$, 중국 1만 87$,)로 세계 5대 강국과 어깨를 나란히 하고 있다. 동양에서는 당분간 추월할 나라가 없는 '최고의 경제강국'이다. 중국은 경제의 물량 면에서는 일본을 추월했으나, 질적인 면에서 아직은 일본의 경쟁상대가 아니었다.

정확한 통계가 없어 비교하기 어려우나, 19세기 중반 일본 경제는 규모에 있어서 세계에서 중하위권이었다. 더구나 1인당 국민소득은 서구에 훨씬 못 미치는 후진국이었다. 1868년 메이지 유신(明治維新)으로 부터 50년, 러시아를 전쟁에서 꺾고 20세기 초에 당당히 세계의 열강으로 등장한다.

2차 세계대전의 괴멸적인 전화(戰禍)는 그들을 초토화시켰다. 그러나 메이지 유신 150년 만에 당당히 세계 제3위권의 경제강국으로 재등극하는데 성공했다.

2020년에는 1964년 동경올림픽에 이어 2회나 하계올림픽을 개최하는 국력을 과시하고 있다.

그 비결은 무엇일까? 원자폭탄 투하라는 가혹한 전쟁의 참화 속에서도 살아날 수 있었던 일본을 나름대로 정리해보면 몇 가지 단어를 떠올릴 수 있다.

그 첫째는 엄청난 기술력(技術力)과 놀라운 장인(匠人)정신이다. 노벨상 과학상 수상자가 23명에 이른다. 기술의 기초는 이미 중세 시대부터 축적된 역사의 산물이었다.

둘째는 철저한 신용(信用) 사회라는 단어다. 일본인에게 신용은 목숨과 같은 것이다. 신용은 상업을 촉진하고 금융의 기초가 된다.

셋째는 기록(記錄)에 입각한 최고의 교육 문화의 축적이다. 일본인은 언제나 누구든 어디서든 기록한다. 컴퓨터가 있으나 그들은 다시 펜과 연필로 기록한다.

마지막으로 근대 강국을 만들었다는 자부심과 도전정신, 자연재난과 참화 속에서도 흔들림 없는 질서의식이다.

과도하게 일본을 평가하고 있다는 반론이 있을 수 있으나, 맹목적 반일 의식을 극복해야 우리는 그들을 따라갈 수 있다.

일본적 신용(信用)의 정점에 있는 기업집단

도쿄역, 미쓰이빌딩, 도쿄도 청사 입구
근대를 넘어 현대로, 도쿄의 미래 도전

미쓰이 포목점

이 일본 제1의 재벌 '미쓰이(三井) 그룹'이다. 미쓰이 재벌의 시조로 평가받는 '미쓰이 다카토시(三井 高利 1622년~1694년)'는 열세살부터 에도에 있는 맏형의 가게에서 장사를 배운다. 사업에 재능이 있었던 다카토시는 대부업을 시작하고 현금거래의 중요성을 터득한다. 1673년 교토(京都)와 에도(江戸, 도쿄)에 독립하여 포목점 이치고야를 개업한다. 그의 포목점은 혁신적인 장사 기법을 도입했다. 대부업에서 배운 기법이다.

기존의 포목점은 주문에 의한 배달 판매와, 대량 구매 고객 위주의 외상판매라는 방식이다. 시장을 점유하는 매출 지상주의에 의존하고 있었다. 그러나 이 방식은 현금 유동성 부족과 이윤율 저하라는 문제를 항시 내포하고 있었다.

미쓰이의 포목점은 점포에서의 현장 판매, 정찰제와 현금거래, 소량 판매를 내세웠다. 그는 현금거래를 하는 대신 박리다매, 정찰제 등 특유의 장사 수단을 통해 가게를 번창시켰다. 이 정신이 계승되어서인지 지금도 일본의 상점에서는 눈을 씻고 봐도 에누리가 없다. 내가 아는 한 일본 상인은 "정(情)은 없어도, 신용(信用)은 있다."

미쓰이 가문의 후손들은 막대한 현금을 바탕으로, 막부와 지방 영주들에게 돈을 빌려주는 대부업과 환전상을 하게 된다. 마치 유럽에 있어서 유태인 금융 그룹으로 유명한 로스차일드 가문과 유사한 역사를 밟는다. 그들은 메이지 유신 직전 현 정부의 실권자인 막부의 쇼군으로부터 막대한 전쟁자금의 대출을 요청받는다. 동시에 혁명세력인 유신 지사로부터도 혁명자금을 요청받는다.

적과 동지의 구별 없이 적당히 지원하고 생존하는데 성공한다. 그러나 그들은 누구에게나 철저히 비밀을 유지한다. 미쓰이 그룹이 정경유착을 배경으로 성장할 수밖에 없었지만, 생존할 수 있었던 배경이다.

메이지유신 정부의 외상, 대장상을 지낸 이노우에 가오루((1836-1915)는 미쓰이재벌과 유착설로 항상 곤욕을 치르는 인물이다. 그는 막부 타도운동 시절부터 미쓰이 상회와 연결해 정치자금을 조달한다. 집권후 미쓰이 상회에 특권을 주고 최고 고문을 역임한다. 언론으로 부터는 "미쓰이의 우두머리"라고 비난을 받을 정도였다.

실제로 미쓰이는 이러한 대부업의 경험과 정경유착을 배경으로 일본 최초의 은행을 1876년에 개설하고 금융업 무역업에 진출한다. 그것이 현재의 스미토모-미쓰이 은행과 미쓰이물산이다. 이후 다양한 사업에 진출하면서 2차 세계대전이 끝날 시점에는 약 270개의 회사를 보유한 거대 기업집단으로 성장했다. 미쓰이 재벌 신주쿠 빌딩이 신도시 도쿄도청 청사 앞에 우뚝 서있다.

메이지 시대를 200년 앞서 창업한 기업 미쓰이의 4백여 년 신용과 혁신을 재삼 음미하게 된다. 정경유착에 의한 재벌성장도 메이지 시대의 유산이었음을 동시에 감지하게 된다.

일본 근대화는 이미 16~17세기에 그 싹이 트고 메이지시대를 전후해 활짝 피어나는 역동의 산물이었다.

06

열도를 넘어

전 경찰청장 이택순의 일본 열도 기행

'동양의 진객(珍客)' 구미 사절단

　일본 사회에서는 지방 출신 인물에 대해서는 수도권(近畿圈)이나 대도시 출신 인물보다는 상대적으로 후한 평가를 한다. 어떤 이유일까?

　첫째로는 번(藩)이라는 중세 영주 형태의 지방제도에 오래 적응하여 왔기 때문에 지역에 대한 애착이 큰 것에서 찾아볼 수 있다. 번(藩)을 폐지하고 현(縣)이라는 근대적 지방제도로 바꾸었지만(폐번치현 1871년) 애향심에는 변함이 없다.

도쿄의 매머드 빌딩, 메이지유신에서 출발한다.

둘째로 일본이라는 나라는 중앙에서 통제하기에는 너무 큰 나라이며 지방자치가 발전할 요인이 많았다. 실제로 일본은 영국 독일보다 영토가 넓고, 인구도 1억 3천만으로 영, 불, 독일 삼국보다 많다는 사실이다.

세 번째로는 일본 근대화를 성공시킨 하급무사집단과 그 정신적 뿌리가 주로 서남 지역 지방에서 배출된 영향이다. 그 결과 현대에까지 정치 경제 사회 문화 각 분야에 그들의 영향력이 뿌리 깊게 내려 있기 때문이다.

훗카이도	긴사이 지방	
도호쿠 지방	주고쿠 지방	
간토 지방	시코쿠	
주부 지방	규슈/오키나와	

1 홋카이도　2 아오모리 현　3 이와테 현
4 미아기 현　5 아키타 현　6 아마가타 현
7 후쿠시마 현　8 이바라키 현　9 도치기 현
10 군마 현　11 사이타마 현　12 지바 현
13 도쿄 도　14 가나가와 현　15 니가타 현
16 도아마 현　17 이시카와 현　18 후쿠이 현
19 아마나시 현　20 나가노 현　21 기후 현
22 시즈오카 현　23 아이치 현　24 미에 현
25 시가 현　26 교토 부　27 오사카 부
28 효고 현　29 나라 현　30 와카아마 현
31 돗토리 현　32 시마네 현　33 오카야마 현
34 히로시마 현　35 아마구치 현
36 도쿠시마 현　37 가가와 현
38 에히메 현　39 고지 현
40 후쿠오카 현　41 사가 현
42 나가사키 현　43 구마모토 현
44 오이타 현
45 미아자키 현
46 가고시마 현
47 오키나와 현

일본 도도부현 지도

그렇다면 일본에서 교토(京都)나 오사카(大阪) 도쿄(東京)의 대 도시에서 일본 근대화에 기여한 인물은 없는 것일까?

1869 6월 메이지 유신 유공자의 논공행상이 공표되는데 문관 무사와 무관 무사로 구분해 발표한다. 문관인 이와쿠라 토모미(岩倉具視 1825~1883)와 산조 사네토미(三条実美 1837~1891)가 무려 5천 석의 녹봉을 하사받는다

우리가 유신삼걸(維新三傑)이라 알고 있는 인물들 사이코 다카모리가 2천

산조 사네토미 와 이와쿠라 도모미. 공가(公家 구케)의 대표, 천황파 귀족

석, 오쿠보 도시미치, 기도 다카요시 각각 1천5백 석 녹봉으로 책정되는데 비해 매우 높다.

　최고의 녹봉을 책정 받은 두 인물, 이와쿠라와 산조는 메이지 내각에서 산조(三条実美)는 태정대신(총리), 이와쿠라(岩倉具視)는 참의(부총리)로 임명되어 녹봉과 유공 평가가 일치함을 보여준다. 이와쿠라와 산조가 교토(京都)에서 출생한 인물이다.

　이들은 모두 교토의 공가(公家 구게) 명문 출신으로 천황의 측근에서 조정(朝廷)의 행정을 맡는 귀족과 관리였다. 두 사람 다 존왕양이(尊王攘夷)파로 메이지 유신 성공에 활약한 공이 지대하다. 일반적으로 무가(武家 무인)들은 "공가는 천황의 주변에서 눈치나 보며 지조가 없는 기회주의 자라"라 혹평한다.

　어려서부터 총명한 이와쿠라 토모미(岩倉具視)는 14세부터 황궁에 근무하였고 29세(1854년)에 천황의 비서관 격인 시종이 된다. 정세 판단이 빠른 그는 1858년에 천황에게 미일 수호통상조약을 반대하는 진언을 하며 성공시켜 존왕양이파의 거두가 된다.

정치혼란의 와중에서 유배와 감시 생활을 거친 그는 1866년에 막부를 무너뜨리고 천황 중심으로 개혁을 해야 한다는 토막파(討幕派)로 변신한다. 사쓰마 번(薩摩藩)과 조슈 번(長州藩)의 비밀동맹을 맺게 하며, 천황의 막부 토벌령을 내리게 하는 대표적 토막파(討幕派)로 사카모도 료마(板本龍馬)와 함께 메이지 유신 성공에 결정적 기여를 한다.

메이지유신 성공 후에는 참의(參議 우대신, 부총리)로 국내 안정과 내정 개혁에 매진한다. 정권이 안정되자 특명전권대사로 1871년 12월 불평등 조약의 개정과 국제정세 파악, 일본 근대화의 촉진 임무를 띠고 미국과 유럽으로 파견된다. 일본의 구미사절단(歐美使節團)은 '이와쿠라 사절단(岩倉使節團)'으로 더욱 알려져 있다. 러시아의 피터대제가 유럽을 배우러 사절을 파견한 이래, 가장 많은 인원이 장기간에 걸쳐 미국 유럽에 파견된 동서양에서도 매우 드문 경우이다.

이와쿠라 사절단 1872년 런던 체류 사진
(왼쪽에서 기도 다카요시, 야마구치 마스카, 이와쿠라 도모미 , 이토 히로부미, 오쿠보 도시미치)

9세 여아 우메코와 여성 유학생 파견, 1870년대 남성 우위의 일본사회, 여성 유학생의 파견은 파격적인 사건이었다.

미국대통령 그란트와 빅토리아 영국여왕 면담
1870년대에 세계지도자를 접견하며, 정세를 파악한다

　사쓰마 번 출신 일본 정계의 최고 실력자 오쿠보 도시미치(현직 대장경, 재무장관)와 조슈 번 출신 기도 다카요시(參議 현직 부총리)가 동행한다. 영어 회화가 가능하고 런던 유학과 해외 경험이 2번이나 있는 조슈 번 출신 이토 히로부미(伊藤博文 외무부 국장급)가 실무 부사(副使)로 발탁된다. 이 임무를 계기로 오쿠보의 신망을 얻은 이토는 중앙 정계에 본격적으로 진출하게 되는 천재일우의 기회를 잡았다.

　사절단은 총 107명으로 정사와 부사 밑에 관료와 학자 64명, 유학생 43명으로 구성되었다. 여성 5명을 포함한 청년 유학생 파견은 구미 각국의 발전과 제도를 배우려는 시도로, 청소년들을 미국 영국 프랑스 독일 심지어 러시아까지 포함시켜 유학시킨다.

　9세의 여자 어린이 쓰다 우메코(津田梅子)를 미국 가정에 위탁시켜 11년간 초 중등교육을 시킨다. 이런 선견지명과 결단은 어디에서부터 나온 것일까?

　소요된 예산은 당시 일본 정부 1년 예산의 거의 반에 해당하는 거액이었다. 이는 오쿠보가 현직 대장대신(재무장관)으로 합류한 덕분에 풍족하게 지원을 받은 경우이다. 현대의 어느 정부도 마련하기 어려운 예산이다.

철혈재상, 비스마르크 동상

사절단은 1871년 12월부터 1873년 9월 요코하마로 돌아올 때까지 1년 10개월 동안 미국과 유럽 12개국을 방문하게 된다. 오스트리아에서는 세계 만국박람회를 견학하며 심지어 스위스까지 경유해 관광을 하는 호사를 누린다. 현대의 어느 정부도 이런 규모의 막대한 비용과 시간을 들여가며 시찰단을 구성할 수 있을는지 일본의 도전에 입이 벌어진다.

첫 방문지 미국은 1871년 12월 18일 요코하마를 미국 기선으로 출발, 하와이를 경유 태평양을 횡단하여 샌프란시스코에 도착한다 대륙을 철도로 횡단하며 새크라멘토, 솔트레이크, 시카고를 거쳐 1월 21일 워싱턴 DC에 34일 만에 도착한다.

여기서 단장 이와쿠라는 미국 횡단 철도에 큰 감명을 받아 귀국 후 일본은 철도부터 우선 건설하게 된다. 사절단장 이와쿠라는 아들을 이미 미국 유학을 보냈을 정도로 개방적이었다. "상투를 틀고 있으면 미개 국가로 멸시를 받는다"라는 아들의 권유로 사절단은 시카고에서 상투를 자르고 양복을 입고 활동을 하게 된다. 당시 워싱턴의 언론은 이 들을 '동양의 진객'이라 보도한다.

사절단은 미국 대통령 그랜트, 대영제국 빅토리아 여왕, 불란서 제3공화국

티에르 대통령, 빌 헬름 1세 독일 황제, 철혈 수상 비스마르크 등 세기의 인물을 줄줄이 접견하며 동양의 신생국 일본의 나아갈 길을 제시받는다. 여기서 그들은 불평등조약의 개정보다 더 중요한 세계정세와 역사, 산업혁명과 자본주의, 제국주의의 견문을 빠르게 넓힌다.

세계의 공장 영국 방문에서는 발전된 공업과 철도망, 런던 지하철(1868년 개통)까지 시승하며 큰 충격을 받는다. 철도도 없는 국가에서 런던 지하철을 시승했을 때 그들의 놀람은 얼마나 컸을까!

프랑스에 관해서는 식민제국으로서 군사력과 건축 도시계획 등 높은 문화와 예술에 주목하고, 파리의 상하수도를 견학하며 근대 일본의 도시계획에 반영한다. 그러나 프랑스의 공화정에 대해서는 보불 전쟁의 패배와 혼란을 목격하고 의문을 가지게 된다.

신흥 제국 독일 방문 시 철혈재상 비스마르크(1815~1898)와 보불 전쟁의 영웅 몰트케 장군(1800~1891)을 접견한다. "약육강식의 국제사회에서 국력을 키우는 것이 근대국가의 요체"라는 비스마르크의 환대와 연설에 깊은 감동을 받으며, 실제로 오쿠보와 이토 히로부미는 독일의 정치 군사제도를 선망하며 추구하게 된다.

이전에도 에도막부는 1860년에 미국 파견 사절단 1862년에 제1차 유럽 파견 사절단, 1863년에 제2차 유럽 파견 사절단을 파견한다. 수많은 고위 관료 학자들이 구미 각국의 발전상을 체득하고 양이론에서 개국론으로 전환한 바 있다. 이외에도 각 번별로 유학생을 비밀리에 파견하고 인재 육성으로 1860년대 후반 일본 지도층에는 구미유학 영어학습 붐이 불고 있었다. 이와쿠라 사절단은 귀국 후 미국의 대륙횡단철도와 영국의 런던 지하철을 모델로 일

부국강병을 위한 철도 발전에 집중하여, 현대 일본 철도로 발전한다.

본 철도를 획기적으로 발전시키게 된다.

　세계의 선진국 영국의 비약적인 공업발전에서 자극받아 식산(殖産)정책을 장려하고 산업 발전을 국가가 유도하는 중상주의 정책을 적극 도입한다. 정부와 군사제도는 미국의 대통령제나 의원내각제의 영국제도보다는 황제와 수상이 병존하는 독일 체제가 일본에 적합하다는 보고서를 제출하게 된다.

　일본 미쓰이 재벌의 총수가 되는 단 다쿠마(團琢磨)도 이때 이와쿠라 유학생에 포함되어 미국 MIT 공대를 졸업하고 귀국해 동경대학 공학 교수를 역임한 인물이다. 일본의 여자 동경대학이라 불리는 명문 대학, 쓰다주쿠 여대 창설자가 이 사절단의 9세 소녀 유학생 쓰다 우메코(津田梅子) 이다.

수행관리나 학자들이 후일 일본 각계에 활약하는 것은 불문가지였다.

그 으뜸은 하급무사 이토 히로부미가 정계 실력자로 등장하여 총리대신이 된 것이었다. 후일 정한론(征韓論)의 논쟁이 뜨거워지자, 이 사절단에 포함된 사람은 해외파가 되고 국내에 잔류한 자들은 국내파가 되어 양쪽으로 갈려 싸운다. 청국 러시아 등 주변국과의 충돌 소지가 많은 조선정벌은 미루고 국내 안정에 우선하자는 해외파가 승리하여 오쿠보, 이토 히로부미의 세상이 열린다. 이와쿠라 사절단은 비록 예산의 낭비와 무모한 외유성 일정과 불평등 조약의 갱신에는 실패했지만 약육강식의 힘이 지배하는 국제정치의 현실을 냉철히 보게 된다.

이로써 서구의 산업혁명과 과학기술 교육제도를 종합적으로 배워 부국강병으로 매진하는 계기가 된다. 하급 사무라이가 일으킨 메이지 혁명의 횃불을 해외 유학 엘리트가 이어받아 일본을 근대화의 관문으로 끌고 나간 것이다.

이에 비해 조선은 1876년 일본의 위력시위로 수교한 후, 수신사 김기수가 일본 방문을 한 것이 외국 견문의 시작이다. 1880년 수신사 김홍집 파견, 1881년 박정양 어윤중 등 신사유람단(紳士遊覽團)이 도쿄에 파견되어 8개월간 현지 시찰과 견문한 것이 고작이었다. 이후 일본을 견제하기 위해 청나라의 권유로 1882년 미국 영국 독일과 수교한 것이 서구 문명과의 공식적 접촉이었다.

일본은 1854년부터 지도층 엘리트 수백 명이 구미 유학으로 서양을 배우고 있는 28년의 기간을 조선은 우물 안 개구리로 지낸 것이다.

1854년 일본의 미국 수교와 1882년 조선의 구미 수교, 28년(1세대)의 시차가 가져온 개혁 개방의 양상은 점점 격차가 벌어진다. 1882년부터 다시 28년 후 1910년에 일본과 조선 두 국가의 운명은, 제국과 식민지로 갈라지는 역사의 명암을 극명하게 보인다.

대외개방의 선견지명, 국가발전의 동력이 되다.

제국으로 가는 길,
철도(鐵道)

　1843년 열차를 타본 독일 시인 하인리히 하이네(Heinrich Heine, 1797-1856)는 "철도가 공간을 살해했다! 무시무시한 전율과 전례 없는 공포감이 엄습했다"라고 경탄한다. 철도를 화약과 인쇄술 이래로 "인류에게 커다란 변화를 가져오고, 삶의 형태를 바꿔놓은 숙명적인 사건"이라고 했다.

-강준만, 미국사 산책 중에서-

인류의 숙명적 사건, 철도는 동북아의 신생국가 일본열도에서 세계 최고의 열매를 맺는다. 일본제국은 철도의 발달과 동시에 이루어졌으며, 일본인 정서 속에는 철도는 필수 불가결의 생활 도구이며 사회 문화현상으로 깊은 애정과 혼이 담겨있다.

연간 80억 명, 수송분담률 29%, 세계 최초의 초고속 열차 신칸센, 초(秒)를 다투는 정시도착, 개통 후 사망사고 제로(零)의 안전성, 여러 측면에서 어떤 국가도 추종을 불허한다. 국토 전체를 이어주는 신칸센(新幹線), 도시와 지방 구석구석을 연결하는 광역 철도망, 도시 내부의 지하철, 전철, 전차 등이 거미줄처럼 연결되어 있다.

그러면 이런 철도산업의 획기적 발전은 후발 국가인 일본에서 어떻게 이루어졌을까? 철도는 1825년 영국에서 석탄 수송을 위해 스티븐슨(George Stephenson 1781~1848)에 의해 최초로 개발되었다. 1840년대에는 영국 미국 불란서 독일 등이 앞 다투어 철도를 건설하기 시작하여 이미 1만여 Km의 철도가 부설된다. 철도의 종주국 영국의 기술과 자본이 캐나다 인도 호주 이집트 등 영국의 식민지를 통해 전 세계로 확장된 것이다.

일본은 1860년 이후 10여 년 동안에 4회에 걸쳐 정부 차원의 외교 사절단이 구미 각국을 방문한다. 사절단은 서구의 산업혁명과 과학기술 특히 철도(鐵道)에 경악하며, 철도 건설을 근대화의 가장 중요한 국가 과제로 내세운다. 1868년 메이지 정부는 도쿄와 요코하마 간에 철도 건설을 착수한다. 영국의 자본 투자로 1872년 도쿄 신바시-요코하마 선이 최초 개통되며, 거의 동시에 고베- 오사카 -교토 선이 개통된다. 세계 수준에 비해 상당히 늦은 편이었다.

여기에는 '일본 철도의 아버지'라 불리는 이노우에 마사루(井上 勝,

일본 철도의 아버지, 이노우에 마사루
조슈 비밀 유학생으로 영국에 파견된다.

1843~1910) 라는 선구자가 있다. 이노우에 마사루는 조슈 번의 무사로 이토 히로부미(伊藤博文)와 함께 1864년 영국으로 밀항하여 런던대학에 입학한다. 광산 철도학을 전공하고 1868년에 귀국하여 일생 동안 철도에 종사하며, 도쿄 신바시-요코하마 구간을 일본 최초로 개통시키고 1890년까지는 도카이도(東海道) 전 노선을 개통시킨다.

일본 철도 발전의 또 다른 공신은 1872년 정권 실세들이 참여한 이와쿠라 사절단이다. 단장 이와쿠라는 18개월의 미국 서유럽 방문에서 미국의 대륙횡단철도와 영국의 철도 런던 지하철을 견문하며 "부국강병(富國强兵)의 길은 철

도 건설에 있다"라고 확신한다.

이와쿠라는 철도사업을 혁명으로 인해 일자리가 없어진 귀족(華族)의 사업으로 추진하면서 민간 자본을 끌어들이는 계기를 만든다. 도쿄 - 요코하마 구간과 오사카 - 교토 - 고베에 개통한 철도는 초기부터 영업에서 큰 성공을 거둔다.

이 성공에 자극받아 철도망은 일본 전역으로 급속히 확대되어, 산업자본 순환의 대동맥을 형성함과 동시에 국내시장이 빠르게 확장되었다.

일본에는 민영철도 사업자가 200여 개나 존재하는 세계적인 민영철도 국가이다. 도카이(東海) 그룹, 한규(阪急) 그룹, 도규(東急) 그룹 등 철도 재벌도 상당수 존재하고 있다. 민영 철도는 수익성이 목표이므로 철도운영과 부동산 개발 호텔 백화점 상업시설 건설 운영으로 수익을 도모한다. 한국이 국영철도로 일관해 소극적 경영을 해온 것과 달리 일본이 철도 역세권을 중심으로 발전하는 형태가 된 것은 이런 연유가 있다.

철도는 단순한 철로의 연장이 아니다. 그 속에는 한 국가의 정치 경제 군사적 고려가 담겨있다. 협궤(狹軌, narrow gauge) 표준궤(標準軌, standard gauge) 광궤(廣軌, broad gauge)로 구분되는 궤도(軌道)의 선택은 국가 안보와 깊이 관련이 있다. 표준궤는 기본적으로 말 두 마리가 앞에서 마차를 끌 때의 폭 1.435m이다. 영국 불란서 독일 미국의 철도가 기본적으로 표준궤이고, 러시아 스페인 등 몇 나라가 광궤로 건설된다. 러시아와 스페인은 독일 불란서의 침략을 가정하여 광궤를 통해 병력과 물자의 통행을 지연시키는 정치 군사상의 고려에서 채택한 것이다.

일본 철도는 조기 건설과 수익성 도모를 위해 초기에는 건설 비용이 싼 협

전 일본 철도의 중추, 도쿄역 전경

궤로 출발하게 된다. 그러나 2차대전 이후에는 표준궤로 많이 전환되고 있으며, 1964년 개통된 신칸센은 표준궤로 건설되어 국제 경쟁력을 갖추게 된다.

일본 철도와 역은 여객과 화물의 단순한 이동공간이 아니다. 각각의 민영철도 회사가 독자적으로 지상과 지하를 복합적으로 개발하며 역을 중심으로 주변지역이 동시에 개발되는 입체적 지역 공간이 된다.

관서지역의 교통 요충지 오사카 우매다(梅田) 역이 전형적 케이스다. 한신 우매다역, 한큐 우매다역, JR 우매다역이 각각 출구도 다르며 주변 상권도 전혀 다른 형태로 발전한다.

특히 철도의 발달을 계기로 국내 시장의 단일화가 이루어져 지방경제는 국민경제의 차원으로 승화되었다. 철도건설은 금속, 연료, 기계 등을 대량으로

1898년 경인철도 기공식과 완공된 경인철도(제물포 노량진 구간)

요구했기 때문에 다른 산업 부문에도 엄청난 파급효과를 낳았다. 군사력의 신속 이동은 전쟁 능력을 배가시켰다. 이로써 신흥국 일본은 '제국(帝國)으로 가는 길'을 개통한 것이다.

철도부설권마저 미국에 넘겨버린 조선은 일본보다 27년 늦게(1899년) 경인선(京仁線)이 일본 민간 자본에 의해 개통되었다. 1896년 미국인 제임스 모스(James R. Morse)로부터 철도 부설권을 사들인 일본은 대륙 진출을 위해 표준궤로 건설한다.

다행히도 이후 건설된 경부선 경의선에도 표준궤가 적용되어 중국의 대륙 철도와는 별도의 전환 장치 없이 직결되게 된다. 일본은 조선의 철도를 러시아의 동방정책에 대항하며, 만주침략을 위한 정치 군사적 목적을 가지고 건설하게 된다. 식민지 철도의 슬픈 운명이었다.

제국(帝國)의 책략,
오키나와 합병

　일본은 홋카이도(北海道) 혼슈(本州) 시코쿠(四國) 규슈(九州) 오키나와(沖縄)로
이루어진 도서 국가이다. 일본열도는 동북으로 러시아의 사할린 및 쿠릴열
도와 접하며 서남쪽으로는 난세이(南西) 제도가 대만(臺灣) 필리핀 근해까지
이어진다. 영토와 영해의 확장은 근대 일본의 부국강병에서 가장 중요한 목
표였다.

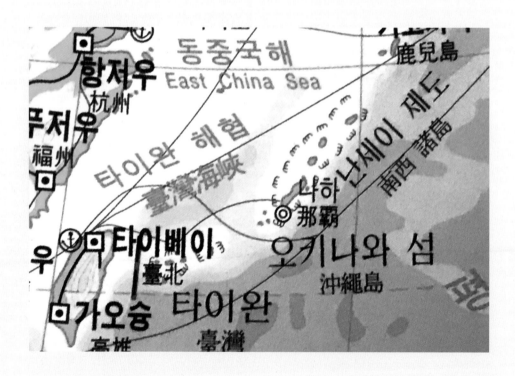

일본의 최 남단 난세이(南西) 제도의 도서 오키나와(Okinawa Island, 沖縄島)는 원래 일본 땅인가? 오키나와인(人)은 어떤 사람 들인가? 근대 일본은 오키나와를 어떻게 일본 영토로 만들었는가?

오키나와의 원래 이름은 류쿠(沖縄) 왕국으로 우리에게는 유구(琉球) 왕국으로 알려져 있다. 오키나와인은 해양민족으로 일본인과 비슷하나, 키가 작고 얼굴이 검고 언어도 문화도 다른 별개의 민족이었다.

오키나와는 60여 개의 섬이 산재하고 있으며 1429년부터 류쿠 왕국으로 독립하여 중국 일본 조선과 교류하며 무역 요충지로 번성한 섬나라였다. 지리적으로 일본 가고시마와 대만과 가까워 양 지역과는 특히 밀접한 관계를 유지하였다.

류큐왕국은 지정학적 특성상 "중국은 우리의 아버지이고, 일본은 우리의 어머니이다."라는 식으로 외교노선을 설정한다. 중국과 일본 양쪽에 모두 조공을 바치면서 독립을 유지하는 약소국의 생존외교였다.

임진왜란이 끝난 7년 뒤인 1609년에는 일본 사쓰마 번(가고시마 현)의 침략을 받는다. 이때부터 가고시마와 가까운 아마미 군도(奄美群島)는 사쓰마의 영지화되나 류큐왕국의 독립성은 450년간 변함이 없었다.

근대 일본이 출발한 지 4년 되는, 1871년 항해 중 난파한 오키나와 어민이 대만까지 표류하여 66명 중 54명이 대만 원주민에게 피살되는 사건이 발생한다. 일본으로서는 대만(臺灣)의 책임을 물어, 오키나와 왕국이 일본의 보호를 받는 종주국임을 과시할 수 있는 사건이며, 국내적으로는 정한론 정변 이후 오쿠보 정권의 권력 독점에 따른 국내 반발을 무마할 좋은 기회였다.

여기서 우리는 일본 정계가 정권 안보를 위해 항상 대외 문제의 강경책을

가고시마 앞바다, 석양의 긴코만
오키나와열도는 가고시마 무사들의 대망이었다.

오키나와로 향하는 가고시마 화물선
오키나와를 거쳐 동남아로, 일본의 남방 출구 가고시마

사용하는 술책을 엿볼 수 있다. 길게는 도요토미 히데요시(豊臣秀吉)가 획책한 임진왜란, 근대에 이르러는 요시다 쇼인(吉田松陰)의 사상에서 비롯된 일본 국수주의 정한론이다.

오키나와 사정에 정통한 가고시마현 출신인 정권 실력자 오쿠보(大久保利通)를 필두로 일본 강경세력이 대만 정벌 군대를 파견한다. 중국(淸)도 초기에는 "대만(臺灣)은 자치령으로 중국에는 책임이 없음"을 강변하였으나, 대만 정벌 문제로 번지자 전쟁 준비를 하며 중, 일 간에 일촉즉발 전쟁의 징후가 높아진다.

일본은 근대화에 착수한지 일천하여, 실제로 중국과의 전쟁을 치를 여력이 없음을 스스로 알고 있었다. 일본 정부는 중국의 전쟁 불사론에 군대 파견을 연기시키려 하나, 지휘관 육군 중장 사이고 쓰구미치(西鄕從道 31세)가 "전쟁은 이미 시작되었다"라며 철군을 거부하고 함정 4척을 끌고 대만으로 향해 대만 남부에 상륙하는 하극상이 벌어진다.

결과적으로 중국을 협상장으로 몰고 오는 효과가 있었지만, 일본 군부 특히 일본 육군의 무모함은 이때부터 드러난다. 일본 군부는 20세기에 들어와 만주사변 중일전쟁 진주만 폭격 태평양전쟁을 야기하는 폭주를 한다.

청나라의 강력한 항의와 미국 영국이 점령에 반대한다. 정권의 실력자 오쿠보가 전권 협상대표로 북경에 파견된다. 일본의 외교술이 이때부터 힘과 책략의 제국주의 외교력을 구사한다. 이미 동아시아에 깊숙이 발을 담근 영국 미국은 자국의 이익에 저해가 되는 중, 일 전쟁을 반대하며, 중재에 임하는 척 실속을 챙기는 외교전이 전개된다.

1872년 이와쿠라 사절단으로 파견되어 외교 경험이 풍부한 오쿠보는 중국의 전쟁 기피론과 현지 사정을 간파하고 협상장을 뛰쳐나오는 마지막 수를 쓴다. 당황한 미 영이 힘이 소진된 중국을 설득하여 일본에 유리한 조건으로 협상이 종료된 것이다.

협상 결과 중국은 "살해된 유족 보상금 등 50만 량 지급, 대만의 중국 귀속 확인, 오키나와 주민의 일본 국민 주장 수용"을 하는 굴욕적 결과를 초래한 것이다. 약소국 일본이 동양의 종주국 중국을 상대로 명분과 실리면에서 모두 승리한 것이다. 오키나와는 이렇게 해서 중국 일본의 조공 관계(朝貢關係)로부터 독립되어 일본의 손아귀로 들어온다.

귀속이 불분명한 오키나와를 일본 영토로 편입하기 위한 사전 포석은 치밀하였다. 메이지 정부 출범 후 오키나와를 외무성 관할에서 내무성 관할로 이관하고, 1872년에는 독립 류쿠 왕국이 실존하는 상황에서 류쿠 번(藩)을 설치한다.

마치 1905년 대한제국이 실존하는 상황에서 일본의 조선통감부를 설치하는 격이다.

대만 문제를 중국과 성공적으로 마무리하며, 1875년 내무성 관료를 오키나와에 감독관으로 파견한다. 류쿠 왕국과 국민들의 반대 목소리는 국제사회에서 소리도 없이 묻혔다. 1879년 류큐 번을 해체하고 완전한 일본식 지방제도인 오키나와 현으로 강등시킨다. 류큐국의 쇼타이왕은 일본에 의해 강제로 도쿄로 옮겨져 후작에 봉해지게 된다.

이를 "류쿠 처분(琉球處分)"이라 하여 일본은 제국주의의 시발점에 선다. 오키나와 강제병합 방식은 30년 뒤 일제의 조선 병합에서 시금석이 된다.

이로써 일본 영토 영해는 북회귀선 대만 앞바다까지 남쪽으로 확장되며,

필리핀을 지척에 두고 중국의 태평양 진출을 봉쇄하는 태평양 국가로 발전된다. 오늘날 영토분쟁 중인 센가쿠열도(중국명 다오위다오)도 이미 이때 국제분쟁의 소지를 내포한 문제였다.

1871년 당시의 국력으로는 중국의 힘이 근대화의 시발점에 서있는 일본을 압도하고 있었다. 대만 전쟁이 실제로 벌어졌다면 중국이 승리하고, 19세기 말 동북아의 양상은 또 다른 형세를 보였을 것이다. 중국으로서는 국내 정치의 난맥과 외교력의 추락이 가져온 대참극의 시작이었다.

돈으로 평화를 사려는 유약함이 나라를 위기로 몰아 놓은 역사의 사례다.

북해도(北海道), 사라진 아이누족

근대 일본은 영토 확장에 대한 열망이 강했다. 메이지 유신 이후 오키나와를 병합하고 북방 영토 홋카이도와 쿠릴열도를 개척한다. 우리는 '가고시마 유신 박물관'에서 가고시마인 '구로다'가 홋카이도를 개척하고 있는 자료에 놀라게 된다. 극에서 극을 오간 '구로다'는 왜 홋카이도로 갔을까? 이 광대하고 아름다운 대지가 어떻게 근대 일본의 영토가 되었을까? 러시아와 일본은 왜 북방영토의 영유권을 가지고 다투는가?

전통 복장의 아이누족, 언어도 문화도 인종도 다르다.

'북해도(北海道 홋카이도)'는 일본 열도의 가장 북쪽에 있는 섬으로써 일본 본토(本州)와 러시아 사할린 섬 사이에 위치한다. 면적은 일본 국토의 21%인 78,512㎢이지만, 인구는 전체의 5%인 557만 명 정도이다.

15세기 이전까지는 홋카이도(北海道)의 원래 명칭은 '에조(蝦夷, 오랑캐)의 땅'이라는 뜻으로 '에조치(蝦夷地)'라 부른다. 여기서 오랑캐는 원주민인 아이누(Ainu) 족을 가리킨다. 홋카이도 지역은 실제로 함경북도보다 훨씬 북쪽 지역으로 북만주의 흑룡강성과 같은 위도이다. 춥고 황폐한 불모지(不毛地)에 불과한 땅으로 중앙 권력으로부터 큰 관심을 받지 못하고, 지방의 호족들이 경영하는 미지의 땅으로 남아 있었다.

탐험가 다케시로, 홋카이도 개척 장관 구로다

에조치(蝦夷地)에 거주하는 '아이누(Ainu)'는 홋카이도(北海道)와 사할린(Sakhalin), 쿠릴(Kuril) 열도 캄차카반도 등지에 분포하는 원주민이었다. 그 외모나 풍습이 일본인들과 뚜렷하게 구별된다. 키가 크고 눈이 깊고 코가 오뚝하며, 몸과 얼굴에 털이 많아 고(古) 몽골인으로 분류한다.

16세기 들어서야 막부(幕府)는 홋카이도 남부 하코다테(函館)에 마쓰마에 번을 개척하였으나, 북쪽으로는 아이누족(蝦夷)이 자치적으로 거주하는 땅이었다. 그럼에도 일본 본토의 상인들과 어민들은 홋카이도, 쿠릴열도, 사할린 섬, 캄차카반도까지 항해를 하며 상업활동을 벌이고 있어 마치 일본의 영역으로

오랑캐의 땅 에조치, 메이지유신으로 완전한 일본땅이 된다.

간주하는 땅이기도 했다.

　16세기 말에 러시아가 시베리아로 진출하며 북방 정세는 급변한다. 러시아는 캄차카반도를 공략하고 쿠릴(千島, 지시마) 열도를 따라 남하하여 에조치(蝦夷地, 홋카이도)에 눈독을 들이기 시작하였다. 18세기 후반이 되면서 이런 상황은 더욱 긴박하게 돌아가 1792년에 러시아 사절이 홋카이도 북쪽에 와서 통상을 요구하며 남진을 시도한다.

아이누족과 아이누족 전통 복장

    국경분쟁의 위기를 느낀 도쿠가와 막부(德川幕府)는 러시아 측의 수교 요청을 단호히 거부한다. 1799년 번이 통치하던 하코다테(函館)를 막부 직할로 하며 군사를 배치하고 중앙권력의 장악하에 둔다. 러시아의 남하라는 외국의 위협이 '에조치는 오랑캐의 땅'이라는 인식에서, '일본의 일부'로서 인식하게 되는 직접적 계기가 되었다.

    북방 정세의 격동 속에서 도전적 상인들과 모험청년들이 교역과 탐험으로 북방 개척의 선구자였다. 19C 초에 아이누어 사전을 편찬한 탐험가, 몇몇의 표류(漂流) 어부들은 시베리아를 건너 러시아의 정세를 파악하고 귀환하여 그 내용을 막부에 보고한다.

    일본은 이미 러시아제국을 알고 대비하고 있었다.

　홋카이도 개척에 관해 단연 으뜸인 인물은 '마쓰우라 다케시로'(松浦 竹四郎 1818년~1888년)라는 탐험가였다. 미에현 향사의 아들로 태어난 다케시로는 자기 고향 이세 신궁(伊勢神宮)으로 향하는 많은 참배객을 보며 열도 여행을 꿈꾸는 도전적 소년이었다.

　다케시로는 17살(1835년)에 꿈꾸던 전국 여행을 시작하였다. 온갖 제한과 규제를 뚫고 여행하는 그는 탐험가의 선구적 기질이 있었으며, 여행 비용도 현지에서 벌어 쓰는 근대판 무전여행가이었다.

　그는 항상 전동(箭筒, 휴대용 필기구)을 지니고 다니면서 보고 들은 것을, 그림까지 곁들여 자세히 기록하였다. 9년 동안 전국 여행을 마치고 집에 돌아오니 그의 나이 26세(1844년)가 되었다. 17세의 소년이 9년간의 무전여행이라니 놀라운 일이다.

나가사키(長崎) 여행 중에 일본의 북방 지역에 러시아의 배가 출몰한다는 이야기를 듣게 되는데, 이것은 그의 인생의 커다란 전환점이 되어 에조치 탐험가로 발전한다.

1845년(27세)에 처음으로 해협을 건너 에조치에 들어가, 하코다테(函館)부터 태평양 연안을 따라서 원주민 아이누인의 안내를 받으며 여행을 하였다. 1846년에는 홋카이도 서남부와 사할린 남쪽, 1849년에는 쿠릴열도 남쪽의 구나시리토 섬 등을 탐사하며 무려 13년을 이곳에서 보낸다. 다케시로는 보고 들은 것을 항상 메모를 하고, '에조치 여행일지(蝦夷日誌)'를 151권의 책으로 만든다.

"13년의 탐험, 151권의 책 출간" 일본인의 기록과 정리 습관을 가히 짐작할 수 있다.

대외적 위기감이 고양되던 시대적 상황에서 이 책들이 에도(江戶)의 막부에 제출되면서, 다케시로의 주변에는 일본의 장래를 걱정하는 요시다 쇼인(吉田松陰), 오쿠보 도시미치(大久保 利通) 같은 존왕양이파(尊王攘夷派)지사들이 모이게 되었다.

다케시로는 이들에게 근대국가 일본의 영토의 보전과 주권의 수호라는 개념을 전한 것이다. 북방 개척은 자연스럽게 존왕양이 활동으로 전환된 것이다.

1855년 미국과 국교를 수립한 후, 일본은 러시아와도 러일 화친조약을 체

홋카이도 농과대학의 전신, 홋카이도 개발 인재의 산실이 된다.

결한다. 이 조약은 양국의 영토 분쟁을 조정하여 "쿠릴 열도의 이투루프와 우루프 섬 사이를 국경으로 하며, 사할린은 국경을 정하지 않고 공동관리로 한다"라는 것이었다.

다케시로의 13년간 선구적 탐험이 없었다면 홋카이도 북부와 쿠릴열도의 4개 섬이 일본의 영토가 될 수 없었을 것이다. 그의 아호는 '북해도인(北海道人)'이다

메이지 정부는 홋카이도의 행정과 개척을 관장하는 관청인 '에조치 개척사(蝦夷地 開拓使 1869~1882)'를 설치하고 본격적 개척에 나서, 에조치(蝦夷地)의 명칭도 홋카이도(北海道)로 개칭된다.

사쓰마(가고시마)의 무사 출신 육군 중장 구로다 키요타카(黑田淸隆)가 개척사의 장관으로 재직하며, 12년간 홋카이도 개척에 많은 공을 들인다. 구로다(黑田)는 메이지 초기 보신 전쟁에서 하코다테를 기습하여 반란군을 제압한 군인이었다. 현지 전쟁지휘관이 행정책임자가 된 케이스로 최남단 가고시마인이 북해도를 통치하며, 마치 에도시대의 영주처럼 행세한다.

　구로다는 미국 매사추세츠 농과대학 학장을 지낸 클라크 박사(William Smith Clark)를 초청해 삿포로 농업학교(홋카이도 대학의 전신)를 창설하고 농업을 진흥시키기 위해 노력한다. 클라크 박사는 삿포로를 떠나면서 "소년이여 야망을 가지라!(Boys be ambitious!)"라는 명언을 남겨 일본 청년들에게 희망을 고취한다.

　메이지 정부는 본토에서 많은 인구를 이주시키고 홋카이도를 개발했으나, 그것은 이 땅의 원주민 아이누에게는 혹독한 탄압과 차별 조치를 수반하는 것이었다. 이들은 류큐 민족과 함께 일본의 근대화 이후 대동아정책의 일환으로 일본인으로 편입되었다.

　20만 명 정도의 일본 내 아이누족은 동화되어 일본어를 쓰지만, 약 2만 5천 명 정도가 홋카이도에 거주하며 일부만 아이누어를 사용하고 있다.

　역사에서 흔히 볼 수 있는 '정복당한 민족의 서글픈 말로(末路)'이다.

　일본의 북방 진출은 모험적 탐험가들과 도전적인 상인이 개척하고, 메이지 정부의 지사들이 가세하여 이루어진 근대 일본 부국강병책(富國强兵策)의 성과물이었다.

제국해군(帝國海軍), 태평양의 꿈

    일본열도(列島)는 태평양과 동해 오호츠크해 동지나해로 둘러싸여 길게 늘어선 섬이다. 답사 차 방문한 가고시마, 나가사키, 구마모토, 후쿠오카, 시모노세키 고베, 오사카, 요코하마, 도쿄 어떤 지역도 바다와 접하지 않은 곳이 없었다.

해양의 진출로 도쿄만

15세기 이후 세계 역사의 패권은 해양의 지배자가 차지한다. 스페인의 무적함대, 화란의 무역함대, 대영제국의 해군, 미국의 세계함대가 그렇다. 일본이란 국가도 기본적으로는 해양국가이며 해양문화권에 속하는 국가이다. 일본 국력에 있어서 해군력은 가장 중요한 하드웨어 중의 하나였다.

　　1854년 미국 페리 함대에 의해 강제 개방된 일본에게 외국 세력(洋夷)으로부터 국가를 방어한다는 것은, 일차적으로는 해군력을 증강하고 발전시키는 것이었다. 이는 일본 근대화의 종국적 목표이기도 했다. 여기에서 일본 해군의 발전사는 일본 근대화 역사와 그 괘를 같이하게 된다.

　　1854년 페리 함대의 내방 이후, 막부(幕府) 정부는 서양 세력의 침입에 중대한 위기의식을 가지고 전방위적으로 대응한다. 1855년부터 화란의 군함 2척을 도입하고 나가사키(長崎)에 '해군 훈련소(長崎 海軍伝習所, 사관학교)'를 만든다. 해군 장교의 육성을 위해 훈련생들을 네덜란드로 유학을 보냈다.

　　그들의 출신지는 주로 사쓰마(가고시마), 히젠(사가), 치쿠젠(후쿠오카), 조슈(야

1854년 페리함대의 도쿄만 출현, 새로운 역사의 시작

개항지 요코하마항, 서양선박에 놀라는 일본인

개방의 상징 무역선, 요코하마 시내 거리에 보도블록으로 설치

태평양을 횡단하는 스페인 갈레온 선
요코하마 개항 기념관의 벽화

마구치)로 일찍부터 화란(和蘭,오란다)의 학문과 기술, 병학에 호기심이 많은 규슈(九州)의 진보적 지역이었다. 일본 해군의 진취성과 도전성 개방성은 이로부터 유래한다.

1860년에는 미국과 수호 통상 조약 비준서를 교환하기 위해 나가사키 해군 훈련소 교관이었던 '가쓰 가이슈(勝海舟,1828~1899)'를 함장으로 하여 해군 함정 함림호(咸臨丸, 간닌마루)를 샌프란시스코로 파견한다. 하와이를 경유하여 샌프란시스코에 이르는 태평양 횡단 항해를 시도하여 성공한다. 이 항해는 미국 장교가 승선하여 도움을 받았지만, 게이오 대학의 창설자 '후쿠자와 유키치(福沢諭吉)'도 탑승한 동양 국가 최초의 태평양 횡단 항해이다. 일본이 개국 이후 급속히 항해술이 발전했음을 각국에 과시하며 해운업

과 해군력 발전에 큰 전기를 마
련한다.

에도(江戶 도쿄) 출신으로 언변과
순발력이 뛰어난 가쓰 가이슈(勝
海舟)는 미국을 다녀온 후 일본 개
화운동의 주창자가 된다. "고베
(神戶)를 일본 무역의 중심지로 삼
고, 해군조련소를 설치하고 막부
와 번의 유능한 인재들에게 개방
해야 한다"라고 주장한다.

서양 증기선이 왕래하는 요코하마항구
국제부두와 세관 항만시설이 급속히 증가된다.

급진적인 그의 개방론에 격분한 유신 지사 사카모토 료마(坂本 龍馬)는 그
를 암살하러 고베로 찾아온다. 가쓰 가이슈는 개방의 불가피성과 서양문명
도입을 설득하며 격론 끝에 사카모토 료마의 사상을 전환시키는 중요한 성
과를 올린다. 이로써 그는 유신 지사들과 근대화의 가치와 정신을 공유하게
된다.

존왕양이(尊王攘夷)의 혼란 속에서도 도쿠가와 막부는 해군력을 꾸준히 증
강한다. 외국 함정을 도입한 후 모방하고, 다시 조립한 후 독자 생산을 하는
'기술 베끼기'의 단계를 밟아 가는 것이다. 이러한 조립과 생산과정에서 서양
의 조선업과 기계공업 제철산업이 도입되고 발전한다. 민간과 군사 부문이
동시에 획기적으로 발전한 것이다.

1863년에는 벌써 일본 국내에서 건조한 군함 '지요다 가타'호를 만들어 취
역시킨다. 1867년 도쿠가와 일본 해군은 개항 10여 년 만에 증기선을 8척이

도쿄 쓰키치 수산시장, 제국해군이 창설된 곳

나 보유하여, 북양함대를 보유한 중국에 필적하는 아시아 최강의 해군 국가로 발전한다.

해군의 지휘부도 전원 해외 유학을 보내 구미 각국의 군사기술과 항해술을 교육받게 한다. 초기에는 네덜란드, 영국, 불란서 해군 학교, 후에는 미국 해군으로 유학이 급속히 늘어난다. 해외파의 전통이 초기에 확립되어 해군은 세계화에 눈을 뜨게 된다.

메이지 정부의 외무차관 해군장관이 되는 '에노모토 다케아키(榎本武揚 1836~1908년)'도 가쓰 가이슈의 제자로 나가사키 해군견습소 출신이다. 해군 소속으로 1862년 네덜란드로 가서 4년간 항해술·조선술·포술·국제법 등을 공부했다. 다케아키는 1867년 막부가 네덜란드에 주문한 군함 '가이요 마루(開陽丸)'를 몰고 에도에 도착하여 유럽-아프리카 항해의 전설을 만든다. 그는 해군 유학파의 선구주자였다.

훈련소를 에도(江戸 도쿄)의 '쓰키지 군함조련소(軍艦操練所)'로 옮긴 후에도 해군력 증강과 발전은 메이지 정부에 의해 승계된다. 1869년 각 번(藩)의 해군은 해체되고 신정부로 이관된 총 11척의 증기선이 '제국 해군(帝國海軍)'을 형성하는 주력이 된다.

사이고 다카모리(西郷隆盛), 오쿠보 도시미치(大久保 利通)와 같은 사쓰마 번 출신 실력자들은 특별히 해군력 강화에 중점을 둔다. 군사업무를 총괄하는

고베항, 바다가 있는 곳에 대도시가 있었다.

일본의 넬슨, 도고 헤이하치로
조선의 이순신을 존경하는 야전 군인이다.

병부성(兵部省)은 육군성과 해군성으로 분리되어 가쓰 가이슈(勝海舟)가 초대 해군경(海軍卿)이 된다. 강력한 해군력을 바탕으로 타이완 침공(1874년)에 이어, 조선의 강제 개항(1876년)을 시도한다. 19C 말은 거함 거포에 의한 무력시위가 외교의 기본이었다.

일본에서 '군신(軍神)'이라 불리는 '도고 헤이하치로(東鄕 平八郎 1848~1934)' 해군 대장도 사쓰마 번 출신이다. 1871년에서 1878년까지 영국의 포츠머스에 국비유학을 다녀온 해외 유학파다. 청일전쟁에서는 해군 소장으로 청나라의 북양함대를 격파하는 순양함의 함장으로 참전한다. 러일전쟁에서는 연합함대 사령관으로 러시아의 발틱함대를 대한 해협에서 괴멸시켜 '동양의 넬슨(The Nelson of the East)'이라 불리는 인물이다.

일본은 강력한 해군 산업을 건설하기 위한 노력을 계속했다. '베끼고 개선하고 혁신한다'라는 전략에 따라 외국 선박이 깊이 있게 분석되었고 개선되

군 통수권의 독립, 내각과 군의 대립으로 군국주의화를 초래한다.

었다. 수 년에 걸쳐 모든 급의 배들을 도입(導入)하여 점차 일본 내 조립(造立)으로, 그다음에는 완전한 일본 내 생산(生産)으로 전환하였다.

1900년대 초에 와서는 모든 전함(戰艦)의 일본 내 생산이 완료되었다. 1918년경에는 일본의 조선기술이 세계 최고의 수준에 도달하게 된다. 1920년까지 일본 해군은 영국 미국에 이어 세계에서 3번째 규모의 해군이 되었다. 2차대전 발발 시에 일본 해군은 항공모함 16척을 보유한 세계 최강의 해군 국가가 되었다.

제국의 해군력을 바탕으로 동양의 후진국이 세계열강으로 도약한 것이다. 군에 대한 내각의 관여와 지휘권은 배제되고 천황의 직속기관으로 편성된다. 해군은 군령부(軍令部), 육군은 참모본부(參謀本部) 체제로 각각 강력한 권한을 행사한다. 사쓰마 번 해외 유학파가 장악한 제국 해군 지휘부는, 후에 조슈 번 출신의 강경파 육군 지휘부와 갈등을 겪어 상호 반목하는 일이 벌어진다. 일본에서 "육군과 해군 사이의 불화는 마치 적을 대하는 것보다 심하다"라고 할 정도였다.

2차대전 시 연합함대 사령관으로 진주만 공습을 지휘한 '야마모토 이소로쿠(山本 五十六)' 제독이 전형적 케이스다. 청년 장교 시절 하버드대 유학과 워싱턴 주재 무관을 역임하며, 미국의 국력을 정확히 알게 된 그는 미국과의 전쟁을 적극적으로 반대한다. 도죠 히데키(東條 英機)를 비롯한 강경파 육군 수뇌

세계의 미항 도쿄, 해양세력의 원천이 된다.

부의 암살 위협 속에 전쟁에 참전한 그는 당시 고노에 수상의 자문에 "미국과의 전쟁은 100% 패배한다"라는 충언을 했다. 그의 예언대로 일본은 태평양전쟁에 패배하고 원자폭탄의 투하로 비참한 결과를 가져온다.

21C에 들어와 전 세계의 세력균형은 격변하고 있다. 경제력을 회복한 중국은 자칭 세계 제2위의 G-2 국가로 미국에 버금가는 국력을 가지게 되었다고 자랑한다. 해상세력의 핵인 항공모함 보유대수는 이제 간신히 2척에 이르고 있다. 2차대전 중 일본은 항공모함 18척, 미국은 27척을 보유하고 있었다. 최근 중국은 미국과 격렬한 무역전쟁을 치르고 있다. 2차대전 중 일본 해군 제독 '야마모토 이소로쿠'가 미국과의 전쟁을 반대한 이유를 중국은 알고 있는지 궁금할 뿐이다.

아마도 일본은 다시는 미국에 도전하지 않을 것이다.

강성 육군(旧日本陸軍),
대륙의 야망

　도쿄 중심지 지요다구(千代田區) 황궁의 북쪽지역 구단시타(九段下) 언덕에
오르면 야스쿠니(靖國) 신사가 그 위용을 자랑한다.

　야스쿠니신사는 1869년 메이지유신의 공로자와 보신전쟁에서 전사한 군
인의 혼을 기리기 위한 동경 초혼사(東京招魂社)로 지어진 신사였다. 1879년에
현재의 이름 야스쿠니(靖國)신사로 바뀌며, 천황이 직접 참배하는 전몰자 위
령시설이된다.

구단시타 언덕의 야스쿠니 신사입구. 황궁을 중심으로 우측에는 내각과 국회
가운데는 마루노우치 일본 경제, 좌측에는 야스쿠니신사 일본 정신

이후 청일전쟁 러일전쟁 1,2차 세계대전의 전몰자들을 유치하게 된다. 일본에는 호국영웅일 수 있으나, 주변국에는 침략자일수 있는 인물들이 안치된 곳이다. 주변국들과 갈등이 있을 수 밖에 없다.

1978년에는 도조 히데키(東條英機)를 비롯한 2차대전의 A급 전범(戰犯) 14명이 합사되는 일이 발생하며 국제적으로 맹 비난을 받았다. 이후 일본정부의 수상 장관 의원들의 공식적 참배때 마다 군국주의의 망령이 부활한다는 주변국들의 비판을 받고있다.

이런 문제로 인해 우리 한국인의 시각으로는 방문이 항상 꺼림칙한 곳이다. 오늘도 이곳에는 수많은 일본인들이 경건하게 참배하고 있었다.

야스쿠니 신사 입구의 언덕에 가장 높이 보이는 큰 동상이 있다. '제국 육군의 아버지(Father of the Imperial Japanese Army)'라고 하는 '오무라 마쓰지로(大村益次郎, 1824 -1869)'의 동상이다.

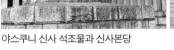
야스쿠니 신사 석조물과 신사본당

'오무라(大村)'는 조슈 번(야마구치 현)의 의사이며 난학자, 군사교관 출신이었다. 조슈번의 육군을 성공적으로 만든 공로로 메이지 정부의 군 요직에 등용된다. 그는 엘리트 가신 무사에 의존하는 기존 군사제도를 개혁해야한다고 주장한다. 기존의 무사와 농민을 비롯한 일반시민까지 모두가 국방에 참여하는 국민개병주의(皆兵主義)를 주창한다. 조슈번에서 창설된 기병대(奇兵隊)의 이론적 배경과 일맥 상통한다.

칼과 활을 중시하는 구식군대에서 서양식 총과 대포를 도입하는 군사기술(軍事技術)을 강조한다. 현대에서 보면 당연한 일이지만 당시에는 지배층인 사무라이 가신들의 반대와 징병을 당하는 농민의 격렬한 저항에 직면한다. 결국 무사의 기득권을 빼앗긴 조슈 출신 반대파 무사들에 의해 암살당한다.

국민의 군대 도입과 현대식 군사기술 개발은 그가 도입한 혁신적인 군사정책이었다. 이것이 일본군 역사에서 높은 평가를 받아 야스쿠니 신사의 입구를 지키고 있는 것이다.

이후 구 일본군은 국민의 군대화하고 현대화하는 과정이 치열하게 전개되며, 정치개입과 군국주의화하는 부정적 기능이 연이어 나타난다.

무기의 현대화에 기여하는 군 인물이 '무라타 쓰네요시(村田経芳 1838-1921)' 육군 소장이다. 일본에는 종래 화승식(火繩式, 심지에 불을 붙여 발사하는 방식) 총이 있었으나 명중률이 떨어지고 사정거리도 짧았다. 무라타(村田)는 화란 무역상에서 구입한 라이플 소총 샘플을 분해하여 구조를 파악하고 끊

제국 육군의 창설자 오무라 마쓰지로 동상
국민군대의 도입 국민 개병주의자

무라타 소총의 발명자, 무라타 쓰네요시 육군 소장
장인정신과 집념의 화신이다.

임없이 사격훈련을 했다. 이 소총이 앞으로 전투에서는 주력이 될 것이라고
확신했다. 총과 활을 비교하기 위한 대결이 열린다. 일본 궁술의 명수 도고(東
鄕)와의 대결이다. 도고가 쏜 화살은 표적의 한가운데에 명중했다. 이어 무라
타가 자신이 만든 총을 들고 조준했다. 발사한 탄환은 이미 가운데 꽂혀있던
화살을 찢으며 한가운데 명중했다. 그럼에도 불구하고 무라타는 정당한 평
가를 받지 못했다.

　"활과 칼이 사무라이의 정당한 무기"라는 편견이 깊게 배어있는 전통 무사
들이 지배하는 사회 분위기때문이었다. 1872년 10월 15일 요코하마 혼모쿠
에서 일본 최초로 각국 선수 200여 명이 참석하는 세계 사격대회가 열렸다.
육군 대위 무라타는 여기서 1등을 차지했다.

　무라타는 1875년 총기를 조사하기 위해 프랑스와 프러시아(독일)를 방문한
다. 무라타는 당시 해외출장에서 약 3백 정의 외제 총을 가지고 들어왔다. 무
라타 총(村田銃)이 완성된 것은 1882년이었다. 그는 육군이 주최한 사격대회에

서 만점을 받았고 동전, 바둑알 등을 던져 명중시켰다. 세계의 특등사수이며 병기 개발자였다.

이때부터 일본육군은 무라타 총(村田銃)을 정식으로 장비로 채택했다. 그 후에도 무라타는 개량을 거듭해 1890년 세계 최고의 성능을 갖춘 '무라타 연발총'을 만들었다. 일본 군부는 무라타 총만 있으면 구식 총으로 무장한 중국의 청군(淸軍)에게 싸워서 무조건 이길 수 있다고 자신했다. 그들은 청일전쟁을 이렇게 준비했다.

1871년 타이완에서 폭풍으로 조난한 류쿠 어민이 대만 원주민으로부터 살해당하는 사건이 벌어진다. 사건에 대한 책임 추궁과 류쿠의 관할권을 확보하기 위해, 일본은 1874년 군대 5천여 명을 보내 타이완으로 파병한다. 중국이 강경하게 나오면서, 전쟁을 우려한 오쿠보 정부는 군대 파견 명령을 취소하려 한다.

파견군 사령관 육군 중장 '사이고 쓰구미치(西鄕從道 1843~1902)'는 이 명령을 거부한다. "전쟁은 이미 시작되었다. 전쟁에서는 현지 지휘관만이 명령권을 가진다. 타이완을 점령하라!"라 지휘한다. 이 사건은 일본군 하극상의 시발이 된다.

1894년 청일전쟁 발발 시기에 발생한 일본 육군의 은밀한 하극상이다.

도쿄 나리타 공항의 일본 전통화, 무사들의 활약. 밝은 색조와 세밀한 터치로 일본 전통 미술을 보여준다

　육군은 조선의 동학란 진압을 핑계로 1개 여단 3천 명의 병력을 보내기로 총리대신 이토 히로부미에게 보고한다. 군의 실세 야마가타 아리토모(山縣有朋)는 육군 참모차장 가와카미와 은밀히 협의하여 약 1개 사단급 규모의 병력 7천여 명을 동원한다.

　수상 이토는 당초보다 병력이 많아 청나라와 전쟁을 우려했으나, 정부가 군의 편제에 간섭할 수 없어 수락하고 만다. 육군의 참모본부는 "유화주의(柔和主義)로는 조선 문제가 해결되지 않으니 전쟁을 준비하며 각오하라"라는 내부적 결의를 한 상태였다. 청일전쟁으로 비화되며 일본 육군은 대륙으로 진격한다. 이것이 바로 중앙정부의 지휘를 묵살하고 멋대로 작전을 전개해 반세기 뒤에 일본을 태평양전쟁으로 밀어 넣은 강경 육군의 체질이었다. 그 출발은 이미 메이지 정부 때부터 싹텄음을 알 수 있다.

　강경 육군의 실질적 설계자이며 계승지가 '야마가타 아리토모(山縣有朋, 1838년~1922년)' 육군대장이다. 야마가타는 조슈 번의 평민출신으로 이토오 히

야마가타 아리토모. 일본 군국주의의 상징적인물. 요시다 쇼인의 문하생

로부미(伊藤博文,1841~ 1909년)와 '요시다 쇼인'의 송하촌숙(松下村塾)에서 동문 수학했다. 일본 육군의 원조라 할 수 있는 조슈번 '기병대(奇兵隊 기헤이타이)'에서 출발해서 무관으로 출세한 군인이다.

독일에서 유학한 야마가타는 보불전쟁의 전설적 장군 몰트케를 숭배하며, 국민 개병제의 근간인 징병제도를 도입하는데 주력한다. 독일식 참모편제를 도입하여 민간정부가 군 통수권(작전권)에 개입하지 못하도록 막고, 육군은 참모본부, 해군은 군령부를 통해서만 지휘하도록 한 독자적 군 통수권을 고수한다. '시빌리언 컨트롤(Civilian Control)'이라는 근대 민주주의 국가의 통제를 벗어나 군국주의화 하는 단초를 제공한것이다.

유신삼걸(維新三傑) 사이고, 오쿠보, 기도가 반란과 암살 병환으로 모두 단명하고 만다. 유신 2세대인 이토(伊藤)는 정-관계에서, 야마가타(山縣)는 군부에서 각각 독보적인 위치를 차지한다. 두사람이 모두 총리대신을 역임하며 일본을 제국주의화 하는데 주축을 이룬다.

야마가타는 조슈벌 출신을 고위 간부로 등용하여 육군을 사조직화한다. 라이벌인 사쓰마 벌 출신은 모두 해군으로 전출시키는 조치를 취한다. 심지어 평생의 동지이며 은인인 사이고 쓰구미치 육군중장을 해군으로 인사조치하는 전횡을 한다.

2차에 걸친 내각 총리대신 재임시에는 각료의 반을 현역 군인으로 지명한다. 청일전쟁 시에는 병력을 초과 파견하도록 종용하며, 중국과의 전쟁을 유도하는 간교함을 보인다. 뒤늦게 조선 주둔 제1군 사령관으로 참전하여 승리의 영예를 차지한다. 흑막정치와 권모술수에 능한 그는 군부의 힘

나가사키 원폭 피해자 위령탑
군국주의 일본의 종말

을 바탕으로 정 관계 황실에까지 압력과 영향력을 행사한다.

어떤 의미에서는 외교 전략가 이토보다 더욱 교묘히 조선 침략을 획책한 인물이다. 정적 이토오 히로부미가 1909년 안중근 의사에게 피살된 이후에는 무소불위의 권력을 휘둘러 군국주의(軍國主義)로 가는 파멸의 씨앗을 뿌리는 것이다. 육군 강경파의 권력 독점과 전횡은 중일전쟁, 미국과의 태평양전쟁을 일으키는 원인이 된다.

여기에 강경 우익정권, 언론, 재벌이 가세한다. 이것이 주변국에서 항상 주시해야 할 일본의 군사적 정치적 문제이다. 아시아 변방에서 출발한 일본은 중국 러시아 미국에 도발하여 전쟁을 치른 강대국가였다. 그들의 군사력은 2차 대전중 동양의 최강국이었으며 그 중심에 강경 육군이 자리잡고 있었다. 무라타 총을 만든 장인정신(匠人精神)과 군사기술력은 현대에 살아서 일본의 산업경쟁력으로 계승된다.

야스쿠니 신사를 답사한 후 확인하게 된 제국 육군의 영욕의 역사였다.

07

야망의 제국

전 경찰청장 이택순의 일본 열도 기행

한반도 주도권,
전쟁의 서막

1868년 시발된 메이지유신(明治維新)은 1870년대에 내부혼란을 마무리짓고, 1880년대에 사회전반과 산업에 획기적 발전을 이루며 번영과 중흥의 발판을 마련하게된다.

44년간 계속된 메이지 시대에서, 근대화의 전환점이 되는 가장 중요한 사건이 1890년대에 발생한 청일전쟁이다. 이 전쟁이후 일본은 제국주의 열강과 어깨를 나란히 하게된다.

후지산을 바라보며 펼쳐진 일본군 병영
서양인이 그린 스케치

우리는 이 전쟁을 기획하는 도
쿄(東京), 대본영(大本營) 히로시마
(廣島), 파병의 거점 시모노세키(下
關)항구를 중심으로 천황과 내각,
군부의 전쟁준비 와 승전과정을
추적해 보기로 했다. 아울러 중국
과 조선의 대응과 서구열강의 개
입도 반추해 보게된다.

은둔의 권력 메이지 천황, 청일전쟁을 계기로 국민통합의 상징으로 전면에 부상한다.

1894년 동북아에서 전개된 청
(淸)과 일본의 대결, 그들이 표방한 명분은 '조선의 완전한 독립'이었으나, 실
질적으로는 한반도의 주도권을 둘러싼 다툼이었다. 일본이 1854년 개국한지
40년, 메이지 유신에 착수한지 26년 만의 일이다.

일본은 1854년 개국 이후 혹독한 비용을 치르며 근대화(近代化)에 한발 한발
다가선다. 1868년 메이지유신 이후 젊은 유신 지사로 구성된 내각을 중심으
로 개혁과 개방을 맹렬히 추진한다. 산업을 장려하며 서구 과학기술을 열정
적으로 도입했다. 그들의 목표는 부국강병(富國强兵) 이었다. 약 30년 동안 급
속히 근대화된다.

강병책으로 열강과 군사 외교협력을 강화한다. 군의 인재를 서구 열강에
유학시키거나, 새로운 군함 도입과 무기개발에 전력을 다하며, 신속히 군비
를 강화하고 있었다. 내각과 군의 수뇌부는 거의 모두가 구미유학이나 해외
경험을 쌓고 있었다. 1874년 타이완 침공, 1878년 오키나와 병합으로 서서히
영토 확장의 제국주의로 나아간다.

서태후의 이화원 건축, 평화시에는 사치에 불과하였으나 전시를 맞아 국가몰락으로 가는 악명을 남긴다.

중국의 경우는 어떠한가? 1861년 제2차 아편 전쟁이 끝난 직후, 중국은 지난 20년을 회고하며 대오 각성을 한다. '신유정변'에서 권력을 장악한 서태후(西太后)와 집권세력은 '중체서용(中體西用)'의 구호 아래 서양 문물을 적극적으로 도입하기 시작했다.

1861년 서구식 행정 및 외교를 담당할 총리기무아문을 설치하고, 근대적 군수 공업의 육성에 주력한다. 1866년 서구 학문을 배울 동문관과 증기선을 건조할 선정국이 설치되고 빠르게 실질적인 개혁이 이루어졌다.

이로써 1869년에는 중국 최초로 1천 톤 급의 서양식 함선이 건조되고, 1871년에는 자체 기술로 증기기관을 개발했다. 여기에 1864년에 태평천국의 난도 진압되고 서양 열강과의 외교도 정상화되면서, 1870년대 초까지는 안정과 발전의 모습이 두드러지는 듯했다.

이를 '양무운동(洋務運動)'이라 하며 태평천국의 난을 제압한 한(漢)족 출신 북양대신 이홍장(李鴻章, 1823-1901)이 전면에 나선 것이다.

만주족의 후견인 서태후, 한족의 대표 이홍장. 불편한 동거속에 청나라는 무너져 내린다.

1870년대 중반 들어 흐름은 바뀌기 시작했다. 서태후의 사치, 부패하고 무능력한 지배체제의 한계, 아편전쟁의 치욕에 대한 망각, 그리고 지배층내 만주족과 한족 사이의 알력 등으로 청나라의 발전은 정체에 봉착한다.

청의 실권은 국내외 정세를 전혀 몰랐던 노부인 서태후(西太后)가 장악하고 있었다. 그녀는 베이징의 여름을 시원하게 보내기 위해 거대한 인공호수를 만들고 이화원(頤和園)이라는 별장 복구에 막대한 비용을 낭비한다. 북양함대(北洋艦隊)에 전함 세척을 증강할 수 있는 예산이 인공호수 축조에 유용된 것이다. 반대한 신하도 없었다. 일본과의 대립관계를 정확히 보고하는 사람도 없었다.

1893년 청일전쟁 1년 전, 일본군 실력자 참모차장 가와카미는 청나라와 조선을 시찰하며 군사현황을 정확히 파악하는 기회를 갖는다. 가와카미는 1884년 유럽에 파견된 14명 육군 정예요원의 한 명이며, 1년여 근대 군사작전을 배운 작전의 귀재였다.

당시 일본 육군 수뇌부는 육군대신 야마가타 아리토모 등 고위 장교들 대부분이 서구에 유학하여 보불 전쟁의 영웅 몰트케의 전술을 익힌 인재가 장악하고 있었다.

가와카미는 전쟁 1년전에 중국군부를 시찰하며, 중국과의 전쟁을 불가피하다고 보았다. 청의 군대는 약 111만 명이지만 그중 조선으로 출동 가능한 병력은 10만 명 안팎으로 추산했다. "일본군은 약 10만 명 이지만, 전력을 집중하면 병력의 숫자로는 승리에 문제가 없다"라는 판단을 한다.

청국이 보유한 총기는 일본군이 30년 전에 사용하던 스나이더 구식 소총이라는 것을 알았다. 일본군은 라이플총을 개량해서 자체 개발한 연발식 무라타(村田) 소총으로 무장하고 있었다. 세계 최고 수준의 성능을 자랑하는 무라타 소총만 있으면 전쟁의 승리는 자신만만했다.

그러나 해군력은 청국이 강했다. 청국 북양함대(北洋艦隊)는 독일에서 건조된 7천 톤 급 전함 2척을 보유하고 있었다. 주포로는 12인치 포 4문과 12인치 강판을 두른 불침의 거함이었다. 그리고 명장 정여창(丁汝昌)이 지휘하고 있었다. 일본 해군은 불란서에서 건조한 4천 톤 급 순양함 3척이 있었다. 12인치 포 각 1문이 장착되었으나, 그것도 작동이 느려 청국과는 전투가 불가능했다. 해군은 청국의 상대가 되지 못했다.

반면 일본에는 우수한 해군 인력이 육성되고 있었다. 해군 군령부(참모본부)에는 야마모토라는 전략의 귀재가 있었다. 그 역시 영국 해군에서 수학한 유학파였고 보신전쟁에서 참전한 경험을 보유한 전략가였다. 그는 인재를 보는 안목이 있었다.

때마침 일본 해군은 군수부정사건에 연루된 장교들이 전역을 기다리며 대

일본 육군의 지휘부, 강성 육군으로 전쟁을 도발한다.

기하고 있었다. 그중에는 야전군 출신인 도고 헤이하치로(東鄕平八郎, 1848년
~1934년) 해군 중령도 억울하게 포함되어 있었다.

　도고(東鄕平八郎)는 영국 해군에서 2년간 연수한 경력의 해전의 명수였다.
야마모토는 도고를 즉시 현역으로 복귀시켜 해전에 투입한다. 청일전쟁에서
는 함장으로, 러일전쟁에서는 연합함대 사령관으로 활약하며 일본인에게는
군신(軍神)이라 불리는 인물이다.

히로시마 대본영,
통곡의 반도

    청일전쟁에서 우리들의 눈길을 끈 것은 도쿄에서 서쪽으로 800km 떨어진 히로시마(廣島)로 전쟁지휘부(大本營)를 옮겨간 것이다. 일본은 사즉생(死卽生)의 임전태세로 투혼을 발휘하며, 심지어 중국 대련으로 대본영을 전진시킨다. 전선으로 가까이 다가가는 국가지도자에게 패전은 없었다.

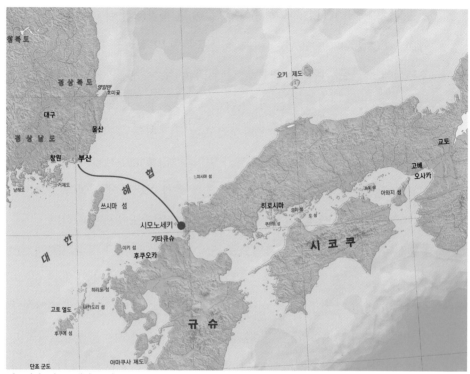

히로시마-시모노세키-부산

국가간의 전쟁은 갑자기 우발적으로 일어나는 것은 결코 아니다. 국가간에 오랫동안 쌓여온 모순과 갈등이 폭발하는 것이므로 그것은 오랜 준비와 대비과정을 거친 것이다.

서세동점의 19C 말, 조선의 실패와 중국의 균열이라는 틈을, 국력을 키우는데 성공한 제국주의 일본이 파고들며 청일전쟁은 발생한다.

1884년 김옥균의 갑신정변이 삼일천하(三日天下)로 실패한 이후 한반도에서 일본 세력은 축출되고, 조선은 청나라의 절대적 영향력하에 들어간다. 냉정히 말하자면 청나라의 속국(屬國)이 된 것이다. 북양대신 이홍장의 대리인 위안스카이(袁世凱 1859~1916년)가 마치 조선 총독인 양 전권을 휘두른다.

25세에 불과한 위안스카이는 대신 임명을 좌우하며, 외교는 그의 승인을 얻어야 했다. 조선여인 첩을 2명이나 두고, 고종을 혼군(昏君)이라 하며 폐위하려 한다. 세관에 청국 관리가 파견되고 무역은 청국 상인이 독점하는 형세였다. 개화파는 사라지고 민비의 조카 민영휘(閔泳徽 1852~1935)가 실권을 장악한 정부는 부패와 경제적 실패로 민심은 심하게 이반되어 있었다. 1894년 3월 29일 동학당이 고부군수의 탐학에 저항하며 전라도에서 봉기한다.

민심을 잃은 조선 정부는 자력으로 진압이 불가능해지자 청국(淸國)에 출병을 다시 요청한다. 외세를 자초한 것은 설상가상 조선 정부의 가장 큰 실책이었다. 청국은 6월 6일 3천여 명의 병력을 아산만에 출동시켰다. 때마침 일본 정국은 야당의 탄핵안 제출로 이토(伊藤博文) 내각은 난국에 봉착하고 있었다. 이토 총리는 난국을 타개하기 위해 정국의 관심을 조선으로 유도하기로 한다.

텐진(天津) 조약에 근거하여 일본 거류민과 외교관을 보호한다는 구실로 6

청년 위안스카이, 저항하는 조선 동학농민군

월 9일 일본군 4천 명을 파견하
기로 결정을 내린다. 내정의 난제
를 전쟁으로 해결하려 함은 일본
정치가들이 흔히 사용하는 정략
이었다.

총리 이토(伊藤博文)는 국제정세
에 정통했다. "다수의 병력 파견
은 서구 열강의 의심을 사고 전
쟁 발발의 위험성이 있으므로 병

경복궁, 궁궐의 석양, 닥쳐오는 위기

력 수를 줄이라"라고 지시한다. 그는 당초에 정치적 거래나 외교적으로 문제
를 해결할 복안을 가지고 출병을 결정한 것이다.

그러나 일본 육군은 호전적이고 강경했다. 일본군 참모본부는 청국을 조선
반도에서 몰아내기 위해서는 전쟁은 불가피하다고 자체적으로 결의한다. 병
력 파견이 결정되자 참모차장 가와카미는 총리에게 보고한 1개 여단 3천 명
보다 훨씬 많은 혼성여단 8천여 명을 파견하기로 한다. 육군 실력자 야마가
타의 묵인하에 허위보고한 것이다. 병력의 우위를 바탕으로 실전으로 청국
군을 제압한다는 전략이었다.

동학당이 수그러 들자 청국의 양국 군 철수 제안이 나온다. 일본 외상 무쓰
무네미쓰(陸奧宗光)도 정치기반이 약한 무모한 강경파였다. 그는 청의 제안을
거부하고, "내정 개혁을 빌미로 조선 내 청국 세력을 일소해, 갑신정변 이후
격하된 일본의 영향력을 일거에 만회하여야 한다"라고 주장한다. 지름길은
아산에 진주하는 청국군과 싸워 승리하는 것이라는 주장이었다. 청 일간 군

한반도의 외국군, 통곡하는 백성들

사적 충돌이 불가피해졌다.

2차로 일본군 4천여 명이 인천을 통해 서울로 입성한다. 일본의 계획은 아산만 입구를 해군 군함으로 봉쇄하고, 육군이 남쪽으로 이동하여 청국군 증원군이 오기 전에 아산만에 주둔한 청군을 포위 섬멸하는 것이었다. 항만봉쇄와 기습, 증원군의 차단이 일본군의 전략이었다.

이에 맞서 아산만에 입국한 청국군은 병력의 열세로 증원군이 오기 전까지는 방어에 주력하고 있었다. 아산에 증원군이 도착하면 평양의 지원군과 남

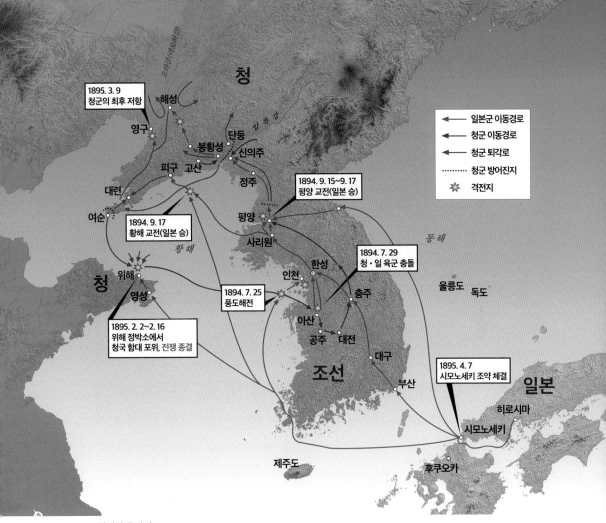

지도 내 표기:

1895. 3. 9
청군의 최후 저항

1894. 9. 17
황해 교전(일본 승)

1894. 9. 15~9. 17
평양 교전(일본 승)

1894. 7. 29
청·일 육군 충돌

1894. 7. 25
풍도해전

1895. 2. 2~2. 16
위해 정박소에서
청국 함대 포위, 전쟁 종결

1895. 4. 7
시모노세키 조약 체결

일본군 이동경로
청군 이동경로
청군 퇴각로
청군 방어진지
격전지

북에서 서울의 일본군을 협공한다는 전략이었다. 전략은 있었지만 결국 이를 실현할 방법과 전쟁수행 의지, 시간의 싸움에서 청국군은 실패를 예고하고 있었다.

일본은 선전포고에 앞서 7월 23일 일본군 2개 대대를 앞세워 대원군이 군

철갑 증기선간의 최초의 근대해전, 영국 불란서 독일 무기의 대결장

사 쿠데타를 일으켜 조선 내정을 장악하도록 유도한다. 조선과 청국의 연합을 방지하고 후방을 철저히 대비하려는 의도다. 대원군의 권력 욕심은 국난의 순간에도 그칠 줄 모른다.

이틀 후 7월 25일 새벽 아산만 풍도에서, 일본 해군은 아산만을 봉쇄하기 위해 순양함 3척으로 순찰 중, 접근하는 청국 순양함 2척을 조우하며 포격이 시작된다. 당시 전체 해군력은 총 톤수 화력 면에서 청국이 월등히 우세하였다.

북양함대를 비롯한 4개 함대에 6만 8천 톤을 보유하고, 일본은 1890년대 들어 급속히 함정을 보강했지만 4만 1천 톤에 불과하였다. 그러나 일본은 서해안에 주력함 모두를 동원하였고, 청국은 내분으로 이홍장의 북양함대의 일부만 동원하면서 전력 차이가 벌어진다.

일본군 기함인 요시노 순양함(4,200톤)은 영국에서 제작된 것으로, 23노트의 속도를 낼 수 있는 세계 최신예 함정이었다. 청국 순양함(2,300톤)은 속도가 빠른 일본 순양함에 쫓겨 도주 중 얕은 바다에 좌초되는 불운을 맞고, 1척은 포격전에서 격침되는 상황에 직면한다. 이어서 들어오는 청국 증원함 1척과 영국 선적의 수송선 1척은 도고 헤이하치로(東鄕平八郎 1848~1934년)가 이끄는 순양함 나니와(浪速)에 의해 1척은 나포되고 수송선은 격침된다.

퇴선을 거부한 청국 병사 1천여 명은 바다에 수장되며 아산만으로의 청국

공주 동학혁명위령탑

군 증원은 실패한다. 영국과의 분쟁으로 갈수 있는 민간상선 격침 위기도, 함장 도고(東鄕平八郎)가 국제법상의 해전 규칙을 준수한 것으로 판명되어 일본은 위기에서 벗어 날 수 있었다.

도고는 영국에서 해군 훈련과 국제법을 배워, 해전규칙을 숙지하고 있었다.

1890년대 조선반도의 수송수단은 철도, 자동차도 항공기도 없는 오로지 도보와 말과 마차, 함정에 의존해서 이동해야 하는 상황이었다. 풍도 해전의 결과는 해상을 통한 청국군의 병참과 수송을 차단하여, 청일전쟁 초기에 승패의 중요한 계기가 된다. 청국군 사령부는 이런 위험성을 감지하여 직접 인천으로 상륙하는 계획을 세웠으나 실천되지 못했다.

　서울에 주둔하고 있던 일본 육군은, 즉시 혼성여단 병력을 남진시켜 야간 공격과 기습공격으로 후속 증원군이 떨어진 성환의 청국군을 타격한다. 일본군은 우세한 병력과 소총 화력으로 속전속결(速戰速決)의 전략이었다. 패배한 청국군은 내륙으로 후퇴하며 평양에 방어진지를 구축한다. 일본군은 이후에도 청국군의 북양해군을 두려워하여 서해안으로 접근하는 대신, 부산과 원산으로 우회하며 병력과 보급을 추진하는 고육책을 채택한다.

　9월 17일 압록강 입구 황해에서 다시 양국 함대의 본격적 접전이 벌어진다. 청국의 북양함대(北洋艦隊)는 풍도 해전의 여파로 연안방어와 전력 유지에 주력하여 방어에 치중한다. 반면 일본 연합함대(聯合艦隊)는 "북양함대의 저지와 서해의 제해권(制海權)을 확보하라"는 히로시마 대본영(大本營)의 명령을 받는다. 순양함 위주의 일본 연합함대는 속도와 속사포의 기동력에 기반을 둔 함대였다.

　중무장 전함위주 화력의 북양함대와는 대형부터 달랐다. 12척의 일본 연합함대는 속도를 활용해 일렬종대로 치고 빠지는 작전이다. 13척의 청국 북양함대는 횡대로 편성되어 포격과 충돌로 대항하나, 속도가 빠른 일본 순양함을 잡는데 실패한다. 추격과 돌파를 계속하며 하루 종일 해상전을 계속한다. 세계 전사상 최초로 철갑함끼리의 해상전투였다.

　저녁 무렵 청국 북양함대는 5척의 순양함이 침몰되고 2척이 파손되었고, 일본 연합함대는 4척이 파손된다. 지리멸렬된 북양함대는 함대 기지 여순(旅順) 항으로 도망치는 치욕을 보이며, 항만은 봉쇄되어 북양함대는 묶이고 만다. 황해해전(黃海海戰)은 사실상 청일전쟁(淸日戰爭)의 기로가 되는 전투였다. 이로써 서해안의 제해권은 일본군이 장악해 전쟁은 새로운 양상으로 전개된다.

9월 15일 일본군은 3개 사단을 동원해, 평양에 증파된 청국군 1만여 명을 정면에서 위장 공격하고 후방에서 주력부대가 야간에 기습한다. 평양성의 청국군 방어진지는 무너지고 2천 명의 전사자를 내고 퇴각한다. 일본군은 180명이 전사자가 발생하는데 그치며 대승을 거둔다.

한반도 내의 모든 청군 세력이 소멸되고 일본군은 만주로 진격하게 된다.

1894년 10월 25일 파죽지세의 일본군은 국경 지대인 압록강을 도하하여, 청국군 2만 5천 명의 방어선을 돌파하며 일본 역사상 최초로 만주(滿洲) 대륙에 진입한다.

동학당도 2차 봉기로 외세에 대항하려 하나, 공주 우금치 전투에서 정부군과 일본군의 우세한 총기와 화력 앞에 맥 없이 무너져 내린다. 남녘의 산하는 피로 물들고 전봉준은 검거되어 처형되며 민중봉기는 실패한다.

중부 이북 평양과 한양 가도(街道)의 죄 없는 조선 백성은, 일본과 청국군에 징용되어 전쟁에 끌려나간다. 아녀자들과 재산 식량의 겁탈로 경평(京平)가도 주변에는 빈집이 속출하고 인구가 1/3로 감소했다.

"봄바람에 떨어진 꽃과 같이, 간 곳마다 발에 밟히고 눈에 걸리는 피난민들은 나라의 운수런가, 제 팔자 기박하여 평양 백성 되었던가!"

-이인직 소설 '혈의 누'-

무고한 백성 수천 명이 남과 북에서 외국군에게 목숨을 잃는다. 외국군에 전쟁터를 내줄 수밖에 없었던 약소국 조선의 참상이었다.

청국이 전쟁 수행 의지만 있었다면, 우세한 해군력을 바탕으로 일본 본토로 진격하거나 서해의 제해권을 장악했다면 전세는 달라졌을 것이다. 일본 군은 전 병력이 한반도에 진출했기 때문에 본토는 매우 취약할 수밖에 없었다. 청국군이 이런 전략 요소를 간과하고 방어에만 치중한 것도 내홍을 겪는 내부 정치 탓이었다.

일본 해군은 압록강 입구의 황해해전에서 승리하고, 여순항을 점령하며 아시아 최강의 북양함대를 궤멸시키고 이어서 웨이하이(威海) 요새를 봉쇄한다. 북양함대 사령관 정여창은 자살로서 패전의 책임을 지나 청나라는 갈 곳이 없었다. 이어서 팽호열도와 타이완(臺灣)을 점령해 동지나해 전체를 세력권으로 확보한다.

압록강을 돌파한 일본 육군은 엄동설한에도 대 진격전을 벌여 봉천(奉天)과 대련(大連) 여순(旅順)을 추풍낙엽처럼 점령하고, 전선을 천진(天津) 북경(北京)까지 확대하려 한다. 무력한 청 황실은 패전의식에 젖어 북경을 빠져나갈 궁리에 몰두할 지경이었다.

승전하는 일본군의 대륙 진출에 서구 열강은 숨죽이며 전쟁 추이를 주시하고 있었다. 메이지 천황(明治天皇)은 전쟁이 두려웠다. 초기에는 전쟁에 반대하고 매우 소극적이었다. 중국은 대국이고 외세의 개입으로 승리를 장담할 수 없다는 판단에서였다. 전쟁이 발발하자 군부의 건의로 히로시마의 대본영(大本營)에서 합숙하며, 군 통수권자로 군복을 입고 엄숙한 모습으로 나타난다.

히로시마와 도쿄간의 거리는 약 800Km의 먼거리이다. 그 먼거리를 이동하여 야전침대에서 숙식하며 은둔의 일본 천황이 전쟁을 지휘하는 모습에 여론은 환호한다. 천황은 승전이 굳어지면서 강경론으로 바뀌며, 대본영을 중국 대륙 대련으로 이동하여 직접 중국으로 진출하겠다는 주장을 한다. 육군 지휘부도 북경 점령을 주창하며 강경론에 불을 붙인다.

총리대신 이토 히로부미(伊藤博文)는 열강(列强)의 개입을 우려하여 전쟁 확대에 반대한다. 해군도 구미 각국의 해상봉쇄를 우려하며 대륙전선을 고착시킬 것을 제안한다. 전쟁확대를 두고 해군과 육군의 전략통 야마모토와 가와카미의 입씨름이 흥미롭다.

야마모토가 가와가미에게 묻는다. "육군의 공병대가 매우 우수하지요?" "예, 어떤 상황에서도 길을 만들어 병력을 기동할 수 있습니다."

다시 야마모토가 묻는다. "육군공병이 일본 시모노세키와 부산을 연결하는 다리를 건설할 수 있나요?" "그건 불가합니다."

해군 작전통 야마모토가 말한다. "일본 해군은 아직 열강보다 비교할 수없이 약합니다. 열강이 서해안을 봉쇄하면 일본 해군은 돌파할 수 없습니다. 이 상황에서는 조선이나 중국으로 건너간 병력은 고립되고 포위당합니다"

총리 이토는 이 상황을 해군측 야마모토로부터 이미 파악하고 있었다.

반쪽의 승리,
전쟁의 잔영

  청일전쟁은 그 해 겨울이 지나고 봄이 오며 마무리 단계로 접어든다. 우리는 도쿄와 히로시마 시모노세키에서 벌어지는 전쟁과 평화 그리고 근대화에 미치는 후속 결과들을 추적해 보기로 했다.

  역사상 최초로 만주대륙으로 진출한 섬나라 일본은 청국과의 연전연승에 나라 전체가 들떴다. 남만주, 요동반도, 여순(旅順), 대련(大連)을 연이어 점령한다. 일본의 지성, 게이오 대학 총장 후쿠자와 유키치(福澤諭吉)까지 나서 "전쟁 확대와 북경 점령"을 주창할 정도였다.

약소국가 일본, 동양의 패권국 일본

궁지에 몰린 청국은 휴전을 제의하며, 구미 각국에게 중재를 요청한다.

구미 열강의 개입을 우려한 총리 이토(伊藤博文)는 12월 미국의 중재를 받아들여 협상을 시작하는 것이 불가피하다고 판단했다. 육군과 해군은 엄동설한에도 전투를 강행하며, 개전(開戰) 9개월 만에 산동반도와 대만으로 점령지를 계속 확대해 나간다.

1895년 3월 말부터 양국 대표로 총리대신 이토 히로부미와 전권대신 이홍장(李鴻章)이 시모노세키(下關) 해안가 순판루(春帆樓)에서 협상에 돌입하며 전쟁은 마무리 수순을 밟는다.

당대 동양 최고의 인물, 이홍장은 강화회담 서두에 이토 총리를 이렇게 언급한다. "오늘날 동양이 서양에 어떻게 대해야 할지에 대한 통찰력에서 당신을 앞설 사람이 없다. 일본의 훌륭한 진보는 당신의 공적이다. 청국의 자원과 일본의 지식을 결합해 서구에 대항하고 싶다." 동양의 비스마르크라 불리던 이홍장이란 인물도, 패전국의 입장에 서면서 그 당당함은 이렇게 겸손하게 뒤바뀐다.

1864년 연합국 함대에 함락된 시모노세키에서 굴욕적 협상을 했던 경험이 있는 이토는, 30년이 경과된 1895년 동양의 종주국 중국을 상대로 굴욕을 강요하는 승전국 대표가 되었다. 50대 중반 그의 감회는 하늘을 찌르고도 남았다!!

승전보(勝戰報)에 들뜬 여론과 군의 강경론, 열강의 무력간섭 사이에서 이토는 협상을 몰아치며 청국을 다그친다. 청국은 1895년 4월 17일 "조선이 독립국임을 인정하고, 타이완과 요동반도를 일본에 할양한다. 일본의 2년 치 예산에 해당하는 3억 엔의 전쟁배상금을 지불"하는 굴욕적 조약에 합의한다.

청국의 군사적 패배는 어떤 원인에서 연유할까?

황실 실력자 서태후(西太后)는 사치했고, 70세의 최고 사령관 이홍장은 노쇠했다. 그들은 서양 열강을 이용한 외교적 압력으로 해결을 시도하여 전쟁 의지가 미약할 수밖에 없었다. 한족(漢族)과 만족(滿族)으로 구성된 정권의 내분은 전쟁 지도력을 급속히 약화시켰다. 군사전략이나 기술은 구식 체제로 개혁되지 않았다. 팽배한 부정부패는 부실한 군수물자로 전력을 손상시켰다. 게다가 베트남 주도권을 싸고 대 불란서 전쟁(1884~1885년)으로 힘이 약화되었으며, 신흥국 일본을 깔보고 있었다.

한마디로 일본을 과거의 왜(倭) 나라로 착각하고 있었다.

반면 근대 외교와 군사기술로 무장한 일본 내각과 군 지휘부는, 전쟁을 철저히 준비하고 치밀한 승전 전략을 구상했다. 징병제로 징집한 국민의 군대에 애국심을 조장하여 사기를 올리고, 군사장비를 근대화하여 무력을 대폭 강화한 것이다.

전쟁은 국론을 통일시키고, 천황으로부터 백성까지 국운을 걸고 총력 대응하는 체제였다. 경제계도 발 벗고 나선다. 일본은행(日本銀行)은 전시 외채발행으로, 야타로의 미쓰비시(三菱) 그룹은 해운을 통한 병력 수송과 물자 보급으로, 다카도시의 미쓰이(三井) 그룹은 전쟁자금 지원과 금융으로 참여한다.

근대화를 착실히 발전시킨 나라와, 낡은 전통에 집착한 나라의 우열이 이로써 판가름되었다.

일본의 대륙 진출 야욕을 목격한 북극 곰 러시아는 만주(滿洲)와 조선에서의 이권을 지키기 위해 개입을 시도한다. 시모노세키조약이 체결된 지 6일 후인 1895년 4월 23일의 사건이다.

1895년 순판루, 일청 강화조약 체결
떠오르는 일본, 저무는 중국

러시아를 이용해 독일을 견제하려는 불란서, 동아시아에 러시아의 군대를 분산시켜 러시아의 침공 위협을 완화하려는 독일, 동상이몽의 두 열강을 끌어들여 러시아는 협상 결과를 무효화하는 간섭을 한다. 삼국 정부는 일본 정부에 대해 요동반도를 청국에 반환하라는 요구, 즉 삼국간섭(三國干涉)을 통보한다.

일본은 함대를 배치하고 군사적 위협을 공언하는 유럽삼국(三國)에게 치욕적 양보를 하지 않을 수 없었다. 5월 10일 삼국의 군사력에 대한 열세를 인정한 일본은 간섭에 굴복한다. 요동반도 영유권을 포기하고, 대신 청국으로부터 배상금 3천만 량을 받기로 하였다.

삼국간섭을 계기로 일본은 러시아를 장래의 가상 적국으로 인식하며, 러일전쟁에 대비한 군비확장에 착수하였다. 와신상담(臥薪嘗膽)이 제국 일본의 구호였다.

삼국간섭을 목격한 조선에서는 이때부터 강한 러시아에 의존하려는 친러파가 득세한다. 분격한 일본은 1895년 10월에 을미사변(乙未事變)을 일으켜 명성황후(明成皇后)를 살해하고, 대원군을 앞세우며 친일 정권을 옹립한다. 고종은 러시아 공사관으로 피난하는 전대미문의 아관파천(俄館播遷)으로 대응함으로써, 러시아와 일본의 대결은 피할 수 없게 되었다. 조선의 자주권은 무너져 내리고, 국방력이 수반되지 않는 대한제국(大韓帝國)은 풍전등화였다.

청국(淸國)은 전쟁 결과, 조선에 대한 전통적인 종주권을 상실하며, 열강의 격렬한 제국주의적 분할 경쟁의 대상국으로 전락하고, 대내외적으로 왕조의 붕괴를 재촉하는 위기를 맞게 되었다.

일본은 대만 등 중국 영토를 식민지로 확보하며, 아시아에서 유일무이한

제국주의 국가로 자리 잡았다. 나아가 청국으로부터 얻어낸 배상금을 바탕으로 자본주의적 경제발전과 군비확장에 박차를 가하였다. 한반도와 만주의 주도권이, 중국과 일본의 쟁패에서 일본과 러시아의 싸움으로 확대된 것이다.

청일전쟁은 동아시아의 전통적인 '중국 중심 질서(Sino-centric order)'에 종지부를 찍고, 신흥국 일본을 이 지역의 패자로 등장시킨 획기적인 전쟁이었다.

동시에 동북아에 전쟁과 민족대결의 회오리를 일으키며 러일전쟁, 조선 독립운동, 중일전쟁, 태평양전쟁의 씨앗으로 발아한다.

참담한 승리,
히비야(日比谷) 폭동

　도쿄 중심지 지요다(千代田) 구 황거(皇居) 광장 남서쪽에는 히비야(日比谷) 도심공원이 위치하고 있다. 5만여 평의 히비야는 1903년에 일본 최초의 서양식 공원으로 문을 열었고, 긴자와 신주쿠를 연결하는 지역으로 도심지에 있어 접근성이 매우 좋다.

마루노우치의 저녁, 번영속의 질서

히비야 공원 가는 길, 일본 최초의 서양식 공원

　에도(江戶) 시대에 이 일대는 전국 영주(大名)들의 에도 근거지로 사용되는 저택들이 있는 곳이었다.

　여정의 종반, 우리는 히비야공원에서 제국 일본의 냄세를 진하게 맡게 된다. 1905년 9월 이곳에서 5만 명이 모이는 대규모 군중집회가 열린다. 이들은 미국 포츠머스에서 열린 러일전쟁 강화회담을 축하하는 열광의 전승 집회를 개최한 것이다. 집회 도중 강화회담 결과가 발표되는데, 그 내용에 실망한 군중이 난동을 부리며 정부 규탄 폭동으로 변질되어 버린다.

　일본군 8만여 명의 전사자가 발생한 승전(勝戰)의 대가는 "사할린 섬 남부 일대 영토 획득과 만주에서 러시아군 철수, 조선의 주도권 인정"이 고작이었다.

　10년 전 청일전쟁에서 일본 정부 예산의 2년 치에 해당하는 2억 량의 엄청난 배상금과 대만과 요동반도를 획득하고, 만주와 조선의 주도권을 확보한 것에 비해 참담한 결과에 분노한 것이다. 고무라(小村 壽太郎) 외상 등 협상대

강대국 러시아 무시당하는 일본, 서양의 시각

표는 '겁쟁이' '국적(國賊)'으로 규탄되고 여론은 비등했다. 일본에서 가장 심한 욕은 '겁쟁이'이다.

1904년 신흥국 일본은 왜 자신보다 강한 대국 러시아를 상대로 전쟁을 일으켰을까? 러일전쟁 당시 일본 수상 가쓰라 다로(桂太郎)는 자서전에 후일 이렇게 쓰고 있다.

"러시아가 만주를 장악한다면, 일본은 남북으로 길게 뻗은 지형적 이유 때문에 국방상 한반도를 확보하지 않으면 안 된다. 반면 러시아는 일본군이 한반도에 진주할 경우, 언제라도 압록강을 건너 측면 공격에 나설 수 있어 불안했다. 러시아 역시 한반도를 일본이 차지하는 것을 용납할 수 없었다." 저들의 머릿속에는 한반도는 그들의 영토였다.

일본인에게 러시아는 어떤 나라일까?

16C부터 시베리아를 건너 동아시아로 진출한 러시아는, 에도시대부터 끊임없이 일본의 북방 쿠릴열도와 홋카이도를 위협했다. 1861년 러시아는 빌리레프 함대를 쓰시마로 보내 군대를 상륙시키고 쓰시마번에 조차(租借)를 요구했었다.

1895년 청일전쟁 후 러시아가 주도된 3국 간섭은 그런 불신을 증폭시킨 것이다. 즉 러시아에 대해선 처음부터 불신감이 있었다. 현대 일본인의 생각도 "러시아는 일본의 북방영토를 무력으로 점령한 몹시 불편한 나라"일 것이다.

조선과 만주의 패권을 다툰 러
일전쟁(1904. 2~1905. 9)은, 신흥국
일본이 미국 영국의 지원을 얻어,
강대국 러시아를 상대로 일으킨
제국주의 전쟁이었다. "일본의
대륙 진출 정책과 러시아의 남하
정책이 충돌"한 것이라는 전통적

견해이나, 결국은 청일전쟁에서   엄동 설한의 전투, 진격하는 일본군
떨어진 전쟁의 씨앗이 10년만에
발아(發芽)한 것이다.

참전한 일본군은 육군 20개 사단 50만 명과 연합함대 였다. 200만의 육군
과 극동함대 흑해함대 발틱함대를 보유한 러시아와의 전쟁은, 예상을 깨고
일본군이 선전한다. 일본군은 만주 봉천에서의 승리와 쓰시마해협에서 도고
헤이하치로(東鄕平八郞)가 이끄는 연합함대가 발틱함대를 격파하면서 승전국
의 지위를 얻는다.

그러나 전쟁의 결과는 참담하였다. 일본군은 전사자 8만 6천여 명, 전쟁비
용과 무기 탄약의 고갈로 전쟁을 지속할 수 없는 한계가 드러난 상황이었다.
러시아는 전사자 10만여 명 극동함대와 발틱함대가 괴멸되었지만, 유럽 쪽
의 육군과 해군을 이동시켜 전쟁을 지속해 도쿄로 진격하겠다는 전의를 불
태운다. 이런 상황에서 미국의 루스벨트 대통령에게 강화회담을 부탁한 것
이 일본이었으니 그 결과는 예상대로였다.

미국은 왜 일본을 지원했을까?

히비야 공원의 종탑, 협상을 규탄하는 폭동의 시발

미국을 향한 일본의 심리전은 매우 정교하였다. 미국 대통령 '시어도 루스벨트(Theodore Roosevelt. Jr. 1858년- 1919년)'와 하버드 대 동창으로 친교가 막역한 가네코 겐타로(金子堅太郎) 귀족원 의원을 이토 히로부미가 미국에 파견한다. 대통령 루스벨트의 지원을 얻어냄은 물론, 각지에서 강연회와 언론 접촉으로 미국의 여론을 일본에 동정적으로 얻는데 성공한다. 이른바 막후의 민간 외교력을 총동원한 것이다.

루스벨트 대통령은 실제로 일본을 지원하고 나섰다. "뤼순(旅順)이 함락되면 전쟁은 종국을 맞을 터인데, 봉천(奉天, 현재 瀋陽) 이북으로 공격한다면 병참선이 연장되어 전투가 어려워질 것이다. 나는 일본을 위해 적절한 시기에 최선을 다해 중재 역할에 나설 것이다. 일본은 문명을 위해 싸우고 있다고 믿기 때문이다."

루스벨트의 안목은 정확하고 예리하였다. 러시아의 승리도, 일본의 패배도 원하지 않는 견제와 균형의 동북아를 그리고 있었다. 미국은 필리핀의 식민지화를 일본으로부터 묵인 받고 가쓰라-태프트 밀약을 맺는다. 조선은 루스벨트의 머릿속에 들어있지 않았다. 미국 대통령 루스벨트가 이 전쟁의 승리자였다.

승리자는 또 한 그룹이 있었다. 유태인과 홍콩상하이은행(HSBC) 이었다.

일본은행 부총재 다카하시 고레키요(高橋是淸)는 '1천만 파운드의 전비 조달'을 위해 요코하마 항구를 비장한 각오로 출발한다. 런던 금융가는 일본의 승리 가능성이 없다고 보았다. 홍콩상하이은행(HSBC)과 상담해 5백만 파운드의 외채를 대폭 할인 판매한다. 일본 국채는 현대의 금융 개념으로 보면 정크본드(junk bond)였다.

이어서 뉴욕의 금융업체 쿤레이프 상회의 총지배인 제이플 시프가 5백만 파운드를 인수한다. 미국의 유태인 협회 회장인 제이플 시프는 러시아의 유태인 탄압에 분노하여, 러시아를 공격하는 일본을 지원하기 위해 외채를 사들인 것이다.

러일전쟁에 동원된 유태인 병사의 일기에는 이렇게 쓰여 있었다."러시아인은 유태인을 심하게 학대한다. 우리는 항상 선두에 서서 탄환 세례를 받았다"

유태인 제이플 시프는 종전 후에 일본으로부터 욱일 대훈장(旭日大勳章)을 받고, 홍콩상하이은행(HSBC)은 막대한 투자 수익을 거둔다.

러시아는 전쟁의 패배를 외교에서 만회한다.

러시아 전권대표가 되는 세르게이 비테 (1849-1915) 백작은 능수능란했다. 친 러시아 서방 기자들을 대동한 비테 백작은 화려한 언변과 세련된 매너로 샴페인을 제공하며, 언론 접촉과 여론몰이로 친러 분위기를 조성하는데 성공한다." 일본은 돈을 받아내기 위해 평화를 짓밟고 있다"라는 논리였다.

일본 대표 고무라(小村 壽太郎)는 외교 수완 면에서 비테의 적수가 되지 못했다. 고무라는 호텔에 틀어박혀 회견을 거부하고 기자의 접근을 막는다. 미국 정치에서 여론의 힘이 얼마나 막강한지 둔감했다.

전쟁의 결과 조선에서는 물론이고 남만주에서 일본이 지배권을 확립하였다. 한국에 을사조약을 강요하고, 러시아로부터 얻지 못한 것을 청나라로부터 보상받으려고 하였다. 일본은 동양의 최강자로 제국주의 열강의 반열에 오르게 되었다. 러시아의 약화는 유럽에서 독일의 위협을 증대시킬 수 있으므로, 영국과 불란서도 전쟁의 조기 종식에 찬성하며 극동에서 더 이상의 현상변화를 원치 않았다.

영·미가 일본을 지원한 이유가 극동에서 러시아의 남하를 일본으로 하여금 막자는 데 있었기 때문에, 전후 일본이 선택한 침략적인 만주 진출은 즉각 영·미의 제재를 불러올 수밖에 없었다.

2018년 초가을 히비야 공원에는 나이타의 불빛을 받으며 풍요와 자유가 넘치고 있었다. 운동을 즐기는 시민들, 사랑을 속삭이는 청춘 남녀, 사색하는

세계 제3위의 일본경제, 도쿄 마루노우치의 위용

중년부부, 사진촬영하는 관광객 사이로 2020년 도쿄올림픽의 플래카드가 붙어있었다. 메이지유신(明治維新)과 근대화는 결국 이런 평화의 모습으로 나타나야 하는데, 일본은 근대화 과정에서 힘을 과시하며 주변국에 너무 많은 희생과 고통을 강요했다.

2020년 도쿄 올림픽, 21세기 일본

도쿄 도심의 가로등 불빛이 부드러운 석양 속에 찾아든다. 이제 이방인도 자기의 길을 찾아 돌아가야 할 시간이 되었다. 봄비 속에 시작한 우리의 답사 여정도 늦가을 석양의 어둠 속으로 빠져들어간다. 사요나라, 도쿄!!

제국의 길,
망국의 길

일본 황궁(皇宮)이 위치하는 도쿄의 중심지를 지요다 구(千代田區)라 칭한다.에도(江戶) 성의 별칭이 지요다 성(千代田 城)이다. "천대(千代)를 이어가는 명당"이라는 뜻이다.

도쿠가와 이에야스(德川家康)가 황무지를 개척하여 400년 전에 만든 성이다. 이 성에 1868년 처음으로 입성하며 동경(東京)이라 호칭한 일본 왕이 무쓰히토(睦仁), 메이지 천황(明治天皇)이다. 그와 함께 일본의 전성시대 메이지 시대(1868년~1912년)가 전개된다.

고종황제와 메이지천황, 1852년 동갑내기

도쿄역사, 1872년 일본철도의 시발

　1852년 조선과 일본에서는 후일 황제가 되는 동갑내기 사내아이가 탄생한다. 대한제국의 황제가 되는 고종(高宗) 이재황(李載晃)이 한양 정선방 (안국동)에서 출생한다. 일본에서는 메이지 천황이라 불리는 무쓰히토(睦仁)가 교토 황궁(皇宮)에서 태어났다. 이후 두 사람은 60여 년간 인생의 희로애락이 교차한다.

　두 사람은 모두 선왕(先王)의 직계가 아닌 면에서도 유사하다. 고종은 선왕 철종이 후사가 없어 왕실의 어른 조대비(趙大妃)와 아버지 이하응이 모의해 왕통을 이어 받는다. 무쓰히토도 후궁의 아들로 정비(正妃)가 아들을 낳지 못하자 왕통을 이어받는다.

고종은 12세인 1864년에 왕위를 이어받았으니 1867년에 왕이 된 무쓰히토보다 왕의 경력은 3년 빠르다. 아버지 흥선대원군(興宣大院君)과 조 대비(大妃)의 수렴청정을 받아 명목상의 왕에 불과하였다. 무쓰히토도 15세인 1867년에 급서한 아버지 고메이(孝明) 천황의 대를 이어 왕위에 오른다. 막부 말기 무사들과 공가(公家)와 다이묘(大名)의 힘에 눌려 실권 없는 명목상의 왕으로 등극한 면은 유사하다.

세상 물정을 알 수 없는 10세 초반 소년들이 이 복잡한 19세기 중반을 헤쳐 나가는 것은 사실 무리이며 그들의 능력의 밖에 있다.

고종은 10년 후 21세 되던 해 1873년까지 아버지 흥선 대원군(興宣大院君)의 통치를 받는다. 흥선대원군의 내정 개혁과 쇄국정책이 성공했다면 그는 아마 수십 년간 허수아비 왕이 되었을는지 모른다. 그의 정치 일생은 노회한 정객이며 아버지인 흥선대원군과 영민한 부인 민비(閔妃) 사이에서 진퇴양난이었다.

1873년 흥선대원군이 정책 실패로 유림의 규탄을 받고 물러나며 고종은 직접 통치를 시작한다. 강력한 수구세력의 저항과 실패한 개혁의 어두운 잔영, 외척의 발호라는 무거운 짐을 지고 출발한 것이다. 그러나 고종의 10여 년 직접 통치도 내정 개혁의 미진과 왕비 민씨 일족의 국정 농단, 민심의 이반으로 좌초하고 만다.

1882년 임오군란(壬午軍亂)과 이어진 갑신정변(甲申政變)으로 기강은 무너지고 청과 일본의 개입을 자초한다. 고종과 민비는 수구파와 개혁파의 반발에 궁궐을 피해 다니며 생명을 부지하는데 급급한다. 이후 청의 대표 위안스카

1872년 구미사절단, 정권의 실력자 이와쿠라 일행파견. 일본의 구미사절 파견은 이미 1860년부터 진행된다

이(袁世凱)가 조선 국정을 좌지우지하는 청의 사실상 속국(屬國)으로 전락한다.

1894년 동학 농민반란에 이은 청일전쟁으로 주권국으로서의 권위는 완전히 무너진다. 1895년 왕비가 일본 자객의 손에 살해되는 국치(國恥)를 겪는다. 1905년에 일본의 보호국이 되고 1910년에는 국권을 상실하고 망국의 군주가 된다. 무쓰히토 천황보다는 7년을 더 살고 1919년 죽음에 이른다.

일황 무쓰히토는 "1868년 메이지 유신으로 황제의 권한을 도쿠가와 막부로부터 찾는데 성공한다"라고 기록되어 있다. 그러나 혁명과 전쟁으로 권력을 빼앗은 공로는 막강한 유신 지사들과 공가(公家)의 몫이었다. '존왕양이(尊

근대화의 상징 일본의 신 여성. 자전거와 양산, 서양치마

王攘夷)'는 혁명기에 활용하는 구호에 불과했다. 소년 천황은 군사도 무기도 없는 허수아비 권력이었다.

16세의 무쓰히토 천황은 대세를 따라 에도(江戶 도쿄)로 수도를 이전하며, 메이지(明治)라는 연호를 사용한다. 그는 유능한 관료들의 정치를 수용하며 직접적 대립은 회피한다. 아버지의 독살(毒殺) 설을 알면서도 모르는체하며, 무가의 눈치를 보며 형식상의 문서결재와 보고나 듣는 형편이었다. 출발은 고종과 유사하였다.

그러나 주변에는 혁명을 성공시킨 명석하며 강력한 유신 지사들이 포진하고 있었다. 사이고 다카모리, 오쿠보 도시미치, 기도 다카요시 등 유신삼걸(維新三傑)은 서로 견제하며 협조하였다. 내란을 진압하고 사회제도를 개혁하였다. 외국에게 문호를 개방하며 상공업을 진흥하였다. 조선보다 20년 이상 앞섰다.

군사력의 증강에 나서 함정을 건조하고 징병제로 국민개병주의를 도입한다. 류쿠 왕국과 홋카이도를 일본으로 병합시킨다. 천황의 신격화를 통해 국가 권위를 세운다. 서구 유학생을 관료로 충원하고 정당 설립과 국회 개원 헌법 제정을 천황의 재가를 받아 진행시킨다. 메이지 천황은 애국적 관료들의 근대화 개혁의 성공에 편승한 것이다.

　천황도 30대의 청년으로 성장하고 그 권위도 점점 높아지자, 천황의 친정
을 시도하려는 세력이 등장했다. 특히 천황을 보좌하거나 학문을 가르치는
신하들 궁중 그룹이 그들이었다. 그러나 당시 정부 내 실력자였던 이와쿠라
도모미(岩倉 具視) 이토 히로부미(伊藤博文)는 '천황이 현실 정치에 개입하게 되
면 권위에 손상이 일어날 수 있다'라는 이유로 단호히 반대했다. 명분은 그럴
사하나 실제로 권력은 혁명지사들의 전유물이었다.

　무쓰히토는 기본적으로 유학에 입각한 보수주의자로 서양식 개혁에는 회
의를 가진 인물이었다. 황실 내부에서도 1880년이 되어서야 황실 여성의 양
장 차림을 허용하는 면에서 그의 보수성은 두드러진다. 하층 서민으로 일약

출세한 총리 이토 히로부미, 군부 강경파 야마가타 아리토모를 항상 경계하며 명망 높은 유학자와 명문 대가를 우대하는 인물이었다. 신권과 왕권이 적절히 견제와 균형을 이루는 양상이다.

1894년 일청전쟁(日淸戰爭)이 발발하며 천황의 권위는 급속히 상승한다. 일본군의 최고 통수권자로서 히로시마의 전쟁 사령부 대본영(大本營)으로 거소를 옮기며 전쟁을 독려한다. 언론에 노출된 지휘하는 모습이 전 국민에게 천황의 권위를 각인시켰다.

사실 그는 중국과의 전쟁을 반대했다. 이 전쟁은 군부 강경파의 전쟁이며 번벌정부가 획책하는 전쟁이라고 보았다. 게다가 승리를 장담할 수 없으며 구미 각국의 개입을 우려했기 때문이다. 그러나 전쟁이 일단 발발하자, 전쟁을 진두지휘하는 모습으로 변신한다. 그리고 전쟁에서 승리한 최고 지휘관으로 영예를 얻는다.

1904년에는 러일전쟁(露日戰爭)에서 약소국 일본이 승리하면서 군 통수권자인 메이지 천황에 대한 국민적 존경은 최고에 달한다. 조선에 대한 강제병합이 있고 난후 60세인 1912년 지병인 당뇨병으로 도쿄의 에도성에서 사망한다. 무쓰히토는 어린 나이에 즉위한 뒤 왕정복고와 메이지유신이 성공하는 것을 경험했다. 뒤이어 잔존세력과의 보신전쟁, 무사들의 세이난전쟁을 겪는다. 혁명과 전쟁에서 단련된 관료와 무사 세력을 이길 수 없다는 한계를 인정했다.

그는 내각과 적당히 거리를 두는 처신으로 일관했다. 의회를 구성하고 입헌군주제를 채택하는 데에도 동의했다. 권력은 내각을 통해서만 행사된다. 천황의 대권인 군 통수권(統帥權)을 행사한 전쟁에서 모두 승리한 것이다. 이런 상황이 그를 최고의 권위자로 만들고 국민의 존경을 받는 상징으로 만들었다.

시국을 끌고 나가는 면에서 아버지와 민비 외척에 끌려다닌 고종(高宗)과 달랐다. 동갑내기 소년 왕들의 운명은 달라지고, 그들의 국가와 백성은 50년이 지난 뒤 영욕의 갈림길에 선다. 왕 한 사람에게만 역사의 굴레를 지게 할 수는 없으나, 그 들의 시대에 한 국가는 융성(隆盛)했고 한 국가는 패망(敗亡)했다는 기록은 지울 수 없다.

도쿄 박물관,
가야의 숨결

"희망차게 여행하는 것이 목적지에 도착하는 것보다 좋다.
To travel hopefully is a better thing than to arrive."

-로버트 루이스 스티븐슨(Robert Louis Stevenson)-

우에노 공원의 사이고 다카모리 동상

도쿄(東京)의 우에노(上野) 공원에는 사쓰마(薩摩, 가고시마) 출신의 유신 지사 사이고 다카모리(西鄕隆盛)의 동상이 입구에 우뚝 서 있다. 도쿄인의 사랑과 존경을 한 몸에 받고 있는 사이고는 유신삼걸(維新三傑) 중에서도 능력과 도량 역사의식에서 최고의 인물로 손꼽힌다.

혁명 성공에 주도적으로 기여했음은 물론 정권초기에 강경파의 도쿄 공격론을 물리쳐 전란의 피해로부터 도쿄를 지켜낸 공이 있기 때문이다.

우에노 공원 한편에는 '동경국립박물관(Tokyo National Museum, 東京国立博物館)'이 위치한다. '기록과 보존의 나라' 일본에서 박물관의 역사도 근대의 시작과 함께 출발한다. 올해도 일본은 교토 의과대학 혼조 타스쿠(本庶佑,76)교수가 노벨 생리의학상을 수상하며, 23명째 노벨 과학상 수상자를 배출한다, 동양에서 노벨 과학상을 수상한 국가는 일본 외에 중국 2명 인도 1명이 있을 뿐이다. 이러한 기초과학의 발달은 어디서 연유할까?

메이지 유신의 선각자들은 일찍이 구미 시찰과 유학 중에 런던 만국박람회(1862년)와 파리 만국박람회(1867년)를 참관하며, 서구 열강의 근대과학과 역사 문화의 융합에 매료된다.

"근대화는 과학의 발달이며, 과학은 국력이다"이란 과학주의 사고가 지도

도쿄 박물관 서양화 일본 여인상

층을 지배한다. 혁명으로 집권한 메이지 정부는 일본 국민을 대상으로 근대화의 절박함, 과학의 발달과 국력을 결집하는 차원에서 일본 최초의 박람회를 기획한다.

1872년 도쿄 유시마(湯島)에 있는 유교 성당 대성전(大成殿) 홀에서 문부성 주최로 박람회(博覽會)를 개최한 것이다. 30일간 15만 명이 관람하는 대성황을 이루었고, 이 작품들은 1873년 비엔나 만국박람회에 출품된다,

이 박람회에 출품 전시된 예술 문화 산업 과학의 작품과 유물들이 박물관(博物館)의 기원이 된다. 도쿄 국립 박물관은 이때를 박물관이 창설된 해로 보고 있다. 도쿄 박물관은 본관(本館), 효케이관(表慶館), 동양관(東洋館), 호류사 보물관(法隆寺宝物館), 헤이세이관(平成館), 이렇게 건물 다섯 동이 있으며, 본관은 1882년 영국 건축가 칸돌의 설계로 현재의 위치에 건립되었다.

1908년 고고 유품(考古遺品) 전시관인 석조건물 효케이관(表慶館)을 준공한다. 효케이관은 다이쇼(大正) 천황의 즉위를 축하하여 지어진 건물로, 마치 김영삼 정부 때 철거된 광화문의 구 조선총독부(중앙청) 건물의 축소판이었다. 현재 수리 중으로 입장이 금지되어 있다.

한국의 국립 중앙박물관은
1909년 창경궁의 제실박물관이
시초이므로 일본과는 약 50년의
시차가 있었다. 이것이 일본과 한
국 과학정신의 격차라 하면 논리
의 비약일까?

　일본 근대화 관련 유적은 주
로 메이지 유신(明治維新) 박물관
에 소장되어 있고 도쿄박물관에

도쿄 박물관 효케이관(表景館) 석조 건물

는 미술 조각 예술품, 역사 고고유물들이 전시되
어 있었다. 일본에 병합된 오키나와의 류큐왕국
(琉球王國) 유적과 잊혀진 민족 홋카이도(北海道) 아이
누족 유적이 특별 전시되고 있는 점이 돋보인다.
우리는 도쿄 박물관 본관 1층 전시실에서 새로운
발견에 매우 놀라게 된다.

　우리의 기억에서 사라진 왕국, 가야(加耶)의 역사가
지도와 유물로 전시되어 있었기 때문이다. 기록과 역사
적 근거를 가장 중시 여기는 일본, 도쿄 국립박물관에
서 가야 왕국을 발견하다니 놀랄 수밖에 없었다.

　가야 왕국(가락국)에 대하여는 가야의 후손인 지
인 김태훈 동양당원장으로 부터 수 없이 들었으
나 자료가 부족해 안타까워하던 차였다.

도쿄 박물관 금속 조각상 나신(裸身)

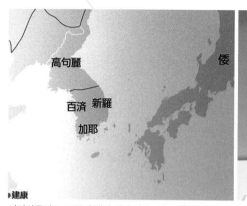

가야왕국지도. 고구려 백제 신라 가야 4국시대   가야의 금귀걸이 유물

　　도쿄 국립박물관에서는 우리가 알고 있는 고대 삼국시대(三國時代)를 고구려 백제 신라 에 가야를 포함시켜 조선반도의 고대 사국(四國)으로 분류하고 있었다. 4C 경 일본이 경상도 남부에 임나 일본부(任那日本府說)를 설치했었다는 제국주의적 역사기록은 발견할 수가 없었고, 오히려 그 자리에 가야 왕국(加耶王國)을 위치시킨 것이다. 가야는 위치상으로 일본과 가까워 교류가 밀접하여 나라(奈良) 지역에는 가야의 유물이 다수가 발견된다.

　　가야는 한동안 잃어버린 역사였다. 신라가 삼국을 통일한 이후, 그 이전의 고대사는 신라가 삼한(三韓)을 하나로 통일했다는 식으로 정리되었었다. 그 삼한은 고구려·백제·신라와 동일시되었다. 이를 정리한 책이 김부식(金富軾)의 '삼국사기(三國史記)'였고, 거기에는 가야가 신라 주변의 여러 소국의 하나로만 나타난다.

　　이러한 역사인식은 조선 후기의 한백겸(韓百謙)이 '동국지리지(東國地理志)'에서 삼한의 마한·진한·변한은 곧 백제·신라·가야로 발전되었다고 수정하

면서 가야의 중요성이 재발견되
었다.

　한국 역사학계에서도 가야 왕
국은 낙동강 서쪽의 경상도 지역
을 중심으로 하여 상당한 면적을
차지하고 있었고, 적어도 4백 년
이상 7백 년의 장구한 역사를 가
지고 있었다고 기술하고 있다. 한
국 고대사는 고구려, 백제, 신라

경남 산청군 소재. 가락국 후손들이 건립한 양왕 기념비

만의 삼국시대가 아니라 가야를 포함한 '사국시대(四國時代)'로 재정립되어야
한다는 움직임도 나타나고 있다.

　가야(駕洛國)의 마지막 왕, 구형왕(仇衡王)은 통일 신라장군 김유신(金庾信)의
증조부였다. AD 521년 가야의 마지막 왕이 되어 532년 신라 법흥왕에게 영
토를 넘겨줄 때까지 11년간 왕으로 있었다.

　경상남도 산청군 금서면(今西面) 화계리(花溪里)에 있는 돌무덤(石塚)이 구형
왕의 릉으로 알려져 있다. 수백년 전부터 가락 종친회에서는 동양에서는 유
일한 피라밋형 석총을 모시고 덕양전(德讓殿)에서 봄 가을에 춘주대제를 봉행
하여 왔다.

　가야(駕洛國)의 장구한 역사를 포함하여, 마지막 왕 구형왕의 돌무덤(石塚)과
유적에 관해 역사학계의 철저하며 체계적 연구가 필요함을 절실히 느낀다.
150년 전통의 동경박물관 가야 역사기록을 견문하고 남는 소회다.

　동북공정(東北工程), 식민사관으로 중국 일본은 역사를 자국에게 유리한 방

도쿄박물관 본관 전경

향으로 오도하려 하는데, 실존했던 가야의 역사도 바르게 정립하지 못한다면 우리의 역사는 어디로 갈 것인가?

동양관 3층에는 우리나라 고대시대의 금장식 유물이 전시되어 있다. 꽤 많은 유물들 앞에는 오쿠라 컬렉션(大倉 Collection)에서 기증했음을 알리는 태그(tag-Gift Of the Okura Foundation)가 붙어 있다. 일본의 전쟁 기업가이며 문화재 수집가 오쿠라 기하치로(大倉喜八郎 1870~1964년)가 한반도에서 반출해간 문화재들이었다. 오쿠라는 청일전쟁부터 무기 거래로 막대한 부를 축적하고, 동양 각국의 문화재와 미술품을 다량으로 수집하여 일본 최초의 개인 미술관

을 만들었다. 그것을 발전시킨 것
이 지금 도쿄의 오쿠라 호텔 옆
에 있는 오쿠라 슈코칸(大倉集古館)
이다

동경박물관의 동쪽에는 '호텔
오쿠라 가든 테라스'라는 레스토
랑이 있다. 가격도 합리적인 정갈
하며 조용한 장소인데, 오쿠라 호
텔이 직영하는 레스토랑이 도쿄
박물관에 존재하는 이유를 알 만
했다. 도쿄 박물관- 오쿠라 컬렉
션- 오쿠라 호텔의 연결 방정식
이 풀린다.

메이지 일본 역사기행을 마치며

늦가을 발표된 24번째 일본인
노벨상 수상 뉴스, 동경박물관의 과학정신, 가야왕국의 숨길을 상념하며, 우
에노 공원을 떠나 아쉬운 발길을 돌리게 된다. 이방인의 갈 길은 아득한데,
벌써 가을은 그의 곁 가까이 와 있었다.

에필로그

　싸늘한 초봄의 한기가 회색 도시를 짓누르는 새벽, 인천공항으로 캐리어를 들고 리무진에 올라탔다. 저가항공(LCC) 비행기는 꿈을 실은 젊은 청춘들을 후쿠오카(福岡)공항으로 쏟아내고 굉음을 뿌리며 저 멀리 달아난다. 머리가 희끗 희끗한 여행객은 우리뿐이었다. 낯선 승객 사이로 백팩을 메고 어두운 공항 지하철역에 내려섰다. 이렇게 일본열도 근대화 역사기행(歷史紀行)이 시작되었다.

　일본은 접근성이 좋아 답사계획을 짜는 것도 그다지 힘들지 않았다. 자동차나 철도로 한 번에 종주할 필요가 없었고, 수시로 출발하는 것이 가능했다. 3월부터 시작해 11월까지 1달에 1회 4박 5일 정도로, 7~8회 서울에서 출발 후 복귀하는 일정으로 진행된다.

규슈(九州), 야마구치(山口), 교토-오사카(京都-大阪), 도쿄-요코하마, 동북 - 홋카이도 순이었다. 동북 홋카이도 지역은 9월 지진이 발생해 일정이 취소되었고, 도쿄 일원을 다시 방문하게 된다. 단풍이 절정인 11월 가고시마 남태평양 앞 바다, 오키나와를 거쳐온 거센 파도와 강풍이 밀려온다. 일본은 어떻게 저 거센 근대화의 파고를 넘어섰을까?

비행기나 관광버스를 타고 며칠 지나치면, 일본은 우리보다 별로 나을 게 없어 보이는 아시아 국가다. 고층빌딩도 고층아파트도 많지 않고, 건물은 낡고 도로는 좁아 보이기만 한다.

과연 그럴까? 근대의 흔적을 따라 기차를 타고 선박과 버스를 갈아타며, 도시의 뒷골목과 공장 지방을 구석구석 돌아다녔다. 그 거대한 시장과 물류며 인프라, 인간의 규범과 행동이 우리와 얼마나 다른지 실감하게 된다.

일본은 넓고 큰 국가였다. 규슈 남단 가고시마에서 도쿄까지 1500Km, 홋카이도 북쪽 끝 와카나이까지는 2800km의 거리이다. 자동차로 쉬지 않고 달려서 36시간, 신칸센(新幹線)열차로 24시간 소요된다. 오키나와와 태평양의 섬을 포함하면 4천km로 상상을 초월하는 영토이다. 영해(領海)로만 따지면 중국의 3배에 달한다. 인구가 1억3천만 명에 달하며, 세계 3위의 경제대국이라는 객관적 사실은 일본이 내수(內需)에 기반을 둔 강대국으로 발전하는 주요한 동력이 된다. 아시아 대륙에서 떨어진 태평양에 노출된 열도(列島)라는 지리적 여건도, 독립과 자존에 매우 유리하였다. 태평양(太平洋)은 그들의 안식처이자 무한의 도전 대상이었다.

일본인들은 반복되는 지진 화산폭발 태풍의 자연재난을 극복하려는 무서운 투혼(鬪魂)과 경이로운 자연에 대한 순응(順應)이 있었다. 일본열도가 생겨

난 때부터 축적된 가치관이었다. 토속신앙 신도(神道)와 불교(佛教)가 그 들의 애환을 수용하고 있었다. 자기에게 맡겨진 일에 관해서는 목숨을 걸고 열중하는 '잇쇼겐메이(一生懸命)'로 대표되는 충성(忠誠)과 장인(匠人)정신은 근대 제국주의와 산업사회의 토대가 된다. 철저히 칼이 지배하는 사회이면서, 남에게 불편을 주지 않으려는 '메이와쿠(迷惑)'정신은 정확히 보전되어, 질서와 신용의 사회를 건설하는 덕목이 된다.

2011년 동일본 대지진 당시, 그 급박한 상황에서도 질서 정연하게 줄을 서는 모습을 우리는 등골이 서늘하게 목격한 바 있다. 여기에 도쿠가와 이에야스(德川家康)가 이룩한 근세 250년의 평화는, 민생의 안정을 가져오고 경제는 풍요로웠다. 기술과 자본이 축적되었고 생산물은 오사카(大阪)에 모여 전국으로 배분되고, 농민들도 신사(神社)와 사찰을 찾아다니며 자유를 누릴 수 있었다. 일본은 17~18세기 산업혁명기를 허송하지 않았다.

페리 호의 내방(來訪) 240년 전인 1613년에 태평양을 횡단하는 도전으로, 스페인과 로마에서 세계의 변화를 감지했다. 나가사키(長崎)가 유럽 열강에 문을 연 것은 일찍이 16C 초반이며, 서양 무역관 데지마(出島)는 이미 1636년에 건설된다. 이후 200여 년간 서양의 과학기술과 군사 학문이 전파되고 있었고, 유럽정세는 해마다 막부(幕府)에 보고되고 있었다. 조선의 쇄국과는 양상이 판이하다.

외침으로 무너져 내리는 중국의 현실을 보며, 19세기 초부터 고뇌하던 일본의 지도층은 서세동점(西勢東漸)의 새로운 세상의 도래를 예견하며 후학을 양성하였다. 느슨한 형태의 중앙집권제가 사쓰마 조슈 지방 영주의 힘과 야망을 키워준다. 그들의 보호로 하급 사무라이들이 꿈을 가지고 국가 변혁의 대열에 앞장서게 된다.

무사들은 소외된 권위의 천황(天皇)을 상징으로 앞세워, 존왕양이(尊王攘夷)를 주창하여 보수적 성향을 보였다. 그러나 기득권자 도쿠가와 막부도 저항세력 하급 사무라이도, 서양의 힘에 압도되며 개혁 개방에는 결국에 일치하였다. 신흥국 미국과 개방을 시작한 것도 큰 행운이었다. 격렬한 내부 투쟁은 하급무사 세력과 천황파의 합작으로 부국강병(富國强兵)의 새로운 리더십을 형성했다. 내부 체제 정비와 동시에 수많은 인재를 구미 각국에 파견하여, 서양 문물의 도입에 주력했다. 효율적 국가체제와 헌신적 관료로 변신한 사무라이가, 30여 년 매진한 산업화와 근대화는 결실을 얻고 선진국으로 진입하는데 성공한다.

칼의 문화가 지배한 일본은 인명경시의 풍조가 심했다.

'겁쟁이'라고 말하면 그 들에게는 가장 큰 욕이다. 셋부쿠(割腹)의 전통과 삿쵸번벌이 독점한 군부는 오로지 전쟁으로 문제를 해결하려 했다. 영토를 확장하고 시장을 확보하는 식민제국, 그들은 유럽을 흉내내며, 허약한 아시아인에게는 또 하나의 유럽국 행세를 하였다. 약육강식의 제국주의를 답습한 그들은 한반도 식민지화, 대륙 침략과 태평양전쟁에서 보인 극렬한 야만성으로, 히틀러의 유태인 학살에 버금가는 상처를 만들었다. 이것은 현대일본의 치명적인 약점으로 노출된다.

중년 이상의 한국인에게 일본이란 나라는 부정과 긍정의 이미지가 교차할 수밖에 없다. 근대의 일본 침략과 식민지배의 잔혹함이 머릿속을 지배하면서도, 폐허에서 재기하여 일류국가를 만드는 과정에서 경탄과 감동을 받지 않을 수 없다. 또 한편, 일부 젊은 세대를 중심으로 일본에 대한 무지(無知)가

존재한다. 우리와 비슷한 수준의 나라라고 일본을 가볍게 보는 사람이 많다.

10월말 도쿄의 호텔, 아침TV 뉴스를 틀어본다. 고노(河野) 일본외상이 분노에 찬 목소리로 한국 대법원의 '강제징용 피해자 배상명령'을 규탄한다. "폭거이자 국제질서에 대한 도전"이라며, 외교관으로서는 극히 이례적인 언사로 항의하고 있다. 화면에는 한국인 피해자가 눈물을 흘리며 "대법원 만세!"라는 구호를 외친다.

이것이 한일관계의 현실이다. 이 어려운 현실적 과제 앞에 국제사회는 어떤 시각일까? 세월이 흐르면 해소될 수 있을까? 임진왜란후 강제로 끌려간 3만 명의 조선인 포로중 약 5천여 명을 송환받으며, 10년이 지나 수교를 하고 일본에 조선통신사를 보내게 된다. 그리고 3백년 후 재침을 당하며 식민지가 된다. 이 아픈 역사의 반복은 반드시 막아내야 하는 것이 한국인 모두의 과제임은 물론이다. 이제 21세기가 본격적으로 열리고 있다. 신생 대한민국도 산업화와 민주화를 조기에 달성하며, 10대 경제강국(G-10) 세계의 일원으로 성장했다. 일본의 과거 침략을 항상 경계하면서도, 가까운 이웃과 선린 우호관계를 정립해야함도 시급한 과제이다.

현지에서 경험한 일본 근대역사에는 충의(忠義)라는 국가정신과 국민의식이 흥건히 배어있었으며, 현재도 생생히 살아서 움직이고 있었다. 우리보다 근대화도 빨랐고, 경제 기술 교육 등 전반적 분야에서 강국임을 새롭게 인식하게 된다. 한마디로 "얄밉지만 뛰어난 이웃"이다.

감히 말하건대, 미국 유럽에서 배우듯이 가까운 이웃 일본에서 그 정신과 기술을 열정적으로 다시 이해하고 배울 필요가 있다. 가까이 두고 멀리 돌아감은 우둔한 것이다. 일본을 바르게 알고 배워, 일본을 극복하는 것이 미래를 대비하는 길이다. 체계적인 학문적 연구나 전문가의 식견과는 다를 수 있지만, 일본 근대화의 역사현장을 뛰어다니며 얻은 결론이다.

강호제현들과 후학들에게 이 책이 일본의 근대화와 현대일본을 다시 인식하는 계기가 되었으면 하는 작은 바람이다. 답사가 본격적 괘도에 오르는 5월 말, 존경하는 어머니(淸州 韓氏, 甲東 1924년생)께서 타계하셨다.

2016년 실크로드 탐사 때 93세의 어머니는 격려와 칭찬으로 커다란 용기를 주셨었다. 이 책을 어머니의 영전에 받치며 어머니의 사랑과 지혜를 기린다. 탐사 기간 내내 서제를 지켜준 아내와, 답사 동지 이시우 仁兄의 성원에도 감사드린다. 아울러 지진으로 못 다한 홋카이도 일정은 추후 재개하여 보고드릴 것을 약속드린다.

2018년 엄동(嚴冬), 동한제(東漢濟)에서
이천(以天) 이택순

지은이 | 이태순

펴낸이 | 최병식

펴낸날 | 2019년 2월 6일

펴낸곳 | 주류성출판사

주소 | 서울특별시 서초구 강남대로 435(서초동 1305-5) 주류성빌딩 15층

전화 | 02-3481-1024(대표전화)　팩스 | 02-3482-0656

홈페이지 | www.juluesung.co.kr

값 18,000원

ISBN 978-89-6246-387-3 03910